Für Gisela und Hubert

ReiseGeister
3. Auflage 2016
© traveldiary Verlag, Brauereistraße 4, 39104 Magdeburg
Idee & Konzept: Bettina Arlt & Leif Karpe
Autor: John Sykes, Köln
Umschlaggestaltung & Satz: Regina Rauhut, Bochum, Jens Freyler, Hamburg
Illustration: Birgit Weber, Köln
Papier: Munken Pure
Druck und Bindung: Standartu Spaustuve, Vilnius
Printed in Lithuania ISBN 978-3-941796-24-9

Mit Sherlock Holmes durch London

John Sykes

traveldiary Verlag

Inhalt

1. Ein neuer Fall für Sherlock Holmes (221B Baker Street)

Schließt man das Unmögliche aus, bleibt – wie unwahrscheinlich auch immer sie einem vorkommen mag – die Wahrheit.
(Sherlock Holmes)

Im Salon in der ersten Etage von 221B Baker Street lesen Sherlock Holmes und Dr. Watson in Sesseln zu beiden Seiten des Kamins. Kein Feuer brennt, denn das Wetter ist warm an diesem Tag, dem 30. Juni 1895. Watson blättert in „The Times". Holmes stopft seine Pfeife und schaut dabei in ein Buch über Giftpflanzen. Obwohl laue Luft durch den hochgezogenen Fensterflügel hineinweht, riecht es nach Toast und geräuchertem Bückling, denn Mrs. Hudson hat den Frühstückstisch noch nicht abgeräumt. Von der Straße dringen die Rufe der Kutscher, das Geklapper von Pferdehufen und Vogelgezwitscher ins Zimmer. Es klopft unten an der Haustür. Holmes erhebt sich und blickt kurz aus dem Fenster.

Holmes

Watson, zwei Herren wollen uns besuchen – unabhängig voneinander, wenn ich mich nicht täusche. Einen kenne ich, aber die Angelegenheit des anderen Herrn dürfte bedeutender sein! Ja, es ist sicher etwas Eiliges, den Schritten auf der Treppe nach zu urteilen. Herein!

Mrs. Hudson steht in der Tür, hinter ihr ein junger Mann. Er trägt eine dunkelblaue Hose, eine bis zum Kragen zugeknöpfte, mit Goldborte verzierte Jacke in der selben Farbe und weiße Handschuhe.

Holmes

Mrs. Hudson, bitten Sie Herrn Mays, einige Minuten unten zu warten, aber lassen Sie diesen Herrn sofort hereintreten. Nicht jeden Tag kommt ein Bote des Premierministers zu uns.

Bote *(spricht Holmes an, wirft einen Seitenblick auf Watson)*

Sie sind Mr. Sherlock Holmes? In der Tat überbringe ich eine Nachricht von Lord Salisbury, aber niemand außer Ihnen sollte erfahren, von wem ich komme und weshalb.

Holmes

Auf die Diskretion von Dr. Watson können Sie sich absolut verlassen. Wenn der Premierminister auf Vertraulichkeit Wert legt, dann empfehle ich, einen anonymen Regierungsboten zu schicken und kein Mitglied seines privaten Haushalts. Ihre Livree und die Kutsche mit dem Familienwappen verraten einiges.

Bote *(nickt)*

Sehr wohl, Sir. Lord Salisbury übernachtete in seiner Londoner Residenz und erhielt mit der morgendlichen Post ein Schreiben, das er Ihnen zeigen möchte. Er fragt, ob Sie ihm heute um dreizehn Uhr in der Downing Street die Ehre erweisen würden. Ich soll Ihnen mitteilen, dass es sich um eine ernste Bedrohung für das Königreich handelt.

Holmes

Richten Sie seiner Lordschaft aus, ich stelle meine Fähigkeiten selbstverständlich in den Dienst des Landes, und werde pünktlich in der Downing Street erscheinen.

Der Bote verabschiedet sich und Mrs. Hudson führt einen gebückten grauhaarigen Mann ins Zimmer. Der Besucher hält seine schwarze Mütze in den Händen und schaut verlegen zum Boden.

Holmes

Mays, guten Tag! Ich habe an der Nummer Ihrer Droschke erkannt, dass Sie es sind. Vor einigen Jahren, als ich Professor Moriartys Spur folgte, haben Sie mir sehr geholfen. Sagen Sie uns jetzt freimütig: Welche Sorge bringt Sie um den Schlaf? Ihr Kummer bleibt mir nicht verborgen, auch wenn Sie das Gähnen zu unterdrücken versuchen. Es ist heute sicher das erste Mal, dass Sie an meiner Haustür klopfen, ohne dabei ein fröhliches Lied zu pfeifen.

Mays

Mr. Holmes, Sir, ich hoffe, ich störe Sie nicht, aber gestern ist etwas Merkwürdiges passiert. Am Bahnhof Victoria stieg bei mir ein Fahrgast ein und wollte zum Buckingham Palace. Der Mann gefiel mir gar nicht – er sah finster aus und gab Befehle in einem barschen Ton. Aber man kann sich seine Kundschaft nicht aussuchen. Also fuhr ich ihn zum Palast, wo er ausstieg und mich warten ließ. Dann wollte er durch die halbe Stadt, stieg immer wieder aus und war eine Weile weg. Ich fand das verdächtig und behielt ihn im Auge, so gut es ging. Als er in der Fleet Street in einer Kneipe verschwand und nach dreißig Minuten wieder einstieg, fiel mir auf, dass sein Bart nicht wirklich echt aussah. Ich habe genau hingeschaut – vielleicht zu genau. Er hat es gemerkt, gab mir einen bösen Blick und entließ mich ganz schnell mit einer Goldmünze Trinkgeld. Das ist viel zu viel, auch wenn ich einige Stunden mit ihm unterwegs war. Vor lauter Grübeln konnte ich überhaupt nicht schlafen und wälzte mich so lange, bis Mrs. Mays mich um vier Uhr früh fragte, was los ist. Sie meinte, ich sollte es Ihnen erzählen.

Holmes

Das ist ganz richtig so. Jetzt beschreiben Sie den Weg bitte genauer. Wo haben Sie überall angehalten? Und wohin ging der bärtige Mann, nachdem er Sie entließ?

Mays

Vom Palast fuhren wir zur Westminster Abbey. Nachher stieg er wieder am Parlament aus und war lange weg. Dann entlang Whitehall. Er schaute sich das Banqueting House genau an. Die nächste Station war der Trafalgar Square, wo er dreimal um die Nelson-Säule herum ging und den Platz von allen Seiten in Augenschein nahm. Weiter über The Strand, ein Abstecher zum Markt in Covent Garden, wo er mit einer Blumenverkäuferin an der Kirche sprach. Von dort zum Savoy Hotel, und weiter Richtung Fleet Street. Er ging durch das Tor zur Inner Temple Lane und verschwand ziemlich lange. Dann zu einer Kneipe: Ye Olde Cheshire Cheese. Als er wieder heraus kam, zahlte er, wie ich sagte, aber ich folgte ihm zu St Paul's Cathedral. Dort trat er durch eine Seitentür hinein –

aber bestimmt nicht zum Gottesdienst, so ein verdorben aussehender Schurke! Da es schon dunkel wurde, wartete ich nicht länger und fuhr nach Hause.

Holmes

Was hatte dieser Mann Ihrer Meinung nach vor? Können Sie seine Person etwas näher beschreiben?

Mays

Er war groß und hager, hatte eine Hakennase und stierende Augen. Glatte schwarze Haare, angezogen wie ein Gentleman – aber so gesprochen hat er nicht. Er klang wie einer aus dem East End, der fein reden will. Er hatte einen dünnen Oberlippenbart, der zum buschigen Kinnbart nicht passte. Das war es, was mich stutzig gemacht hat. Gestern hat er bestimmt etwas ausgekundschaftet. Manchmal blieb er in der Droschke sitzen und beobachtete – da wollte er sicher nicht auffallen. Und manchmal stieg er aus und schnüffelte herum.

Holmes

Vielen Dank für Ihren Besuch, Mays. Nehmen Sie das hier für Ihre Mühen, und lassen Sie mich wissen, wenn Sie etwas von diesem Mann sehen oder hören.

Holmes steckt dem Droschkenfahrer eine Münze zu, bevor dieser sich verabschiedet.
Holmes schreitet im Zimmer auf und ab. Watson weiß, dass er die Gedanken des großen Detektivs nicht unterbrechen sollte, doch nach einigen Minuten kann er sich nicht mehr zurückhalten.

Watson

Zwei seltsame Fälle auf einmal, Holmes! Und bereits in vier Stunden eine Audienz beim Premierminister. Wollen Sie sich vielleicht in der Zwischenzeit fein machen und zum Barbier gehen?

Holmes

Keinesfalls! Für Eitelkeiten ist die Zeit viel zu knapp. Ich hoffe, Sie haben heute nichts Wichtiges vor, Watson, denn ich werde Ihre Unterstützung den ganzen Tag brauchen. Glauben Sie nicht, dass es sich hier um zwei verschiedene Fälle handelt. Wir müssen sofort zum Palast!

Die berühmte Adresse Baker Street 221B existiert nicht, aber viele Häuser in dieser Straße passen auf die Beschreibungen der Holmes-Geschichten von Sir Arthur Conan Doyle. Eins davon, heute das Sherlock Holmes Museum, liegt zwischen den Hausnummern 237 und 239. Eine enge Treppe führt in die erste Etage zum Salon, wo Holmes und Watson sich oft aufhielten und Besucher empfingen. Auf einem kleinen Tisch liegen Holmes' Lupe, seine krumme Pfeife und sein Hut. In der Ecke hinter seinem Sessel stehen Fläschchen und Geräte für chemische Experimente und seine Violine. Einschusslöcher in der Tapete gegenüber dem Kamin stammen aus Holmes' Revolver und bilden die Buchstaben VR: eine mit bemerkenswerter Zielgenauigkeit in die Wand geschossene Ehrung für die Königin, Victoria Regina.

Im nahe gelegenen „Madame Tussauds" wurde Sherlock Holmes als Wachsfigur, vor der U-Bahn-Station Baker Street als Bronzestatue nachgebildet.

Wer Holmes und Watson zum Buckingham Palace begleiten möchte, fährt zwei Stationen mit der U-Bahn (Jubilee Line) von Baker Street nach Green Park und geht fünf Minuten durch diesen Park zum Palast. Die weitere Route des Kutschers Mays mit seinem geheimnisvollen Fahrgast zwischen Buckingham Palace und St Paul's Cathedral lässt sich an einem Tag zu Fuß zurücklegen. Entspannter ist es, den Weg in zwei Abschnitten aufzuteilen und am ersten Tag bis zum Trafalgar Square zu gehen.

2. Eine Einführung mit dem Prinzgemahl (Buckingham Palace)

Was für eine wunderbare Stadt zum Plündern!
(Generalfeldmarschall von Blücher zu Herzog von Wellington)

Die Londoner Residenz der britischen Monarchen geht zurück auf den Sitz des Herzogs von Buckingham, 1702 gebaut und sechzig Jahre später von König George III gekauft. Das bekannte Gesicht des Buckingham Palace ist die Ostseite mit Blick auf den Prachtboulevard The Mall und auf St James's Park. Bei feierlichen Anlässen wie königlichen Hochzeiten winken die „Royals" vom Balkon, der bereits zu Sherlock Holmes Zeit existierte, obwohl die Fassade damals anders aussah (sie wurde 1912 erneuert). Die Räume in diesem Flügel stammen aus der Regierungszeit der Königin Victoria (1837 – 1901). Ihr zu Ehren entstand das von einer vergoldeten Siegesgöttin gekrönte Denkmal vor dem Palast, eine pompöse Huldigung des Empires und seiner Seemacht aus 2.300 Tonnen weißem Marmor.

Im Buckingham Palace befinden sich 775 Zimmer, darunter 52 Schlafzimmer für die königliche Familie und Gäste, 188 Zimmer für Bedienstete, 78 Badezimmer und 19 Prunksäle, die „State Rooms", die im August und September für Besucher geöffnet sind (Auskunft: www.royalcollection.org.uk), während die Königin sich in Schottland aufhält. Man sieht Gemälde, Skulpturen, Porzellan und erlesene englische und französische Möbel. Ganzjährig sind in der Royal Mews die Staatskarossen – die goldene Kutsche, Rolls Royce usw. – und nebenan in der Queen's Gallery Wechselausstellungen aus der umfangreichen königlichen Sammlung zu bewundern.

Holmes und Watson steigen nicht vor dem Palast aus ihrer Droschke aus, sondern in der Straße Buckingham Gate an der Südseite, und gehen zum Tor der Royal Mews, der königlichen Stallungen.

Holmes

Hier gehen Bedienstete und Lieferanten ein und aus. Ein Übeltäter würde am ehesten von dieser Seite versuchen, sich Zugang zu verschaffen.

Watson

Da ist eine seltsame Figur! Dieser Mann trägt so altmodische Kleidung. Schauen Sie, er hat eine Glatze, einen Oberlippenbart und lange Koteletten. Er kommt mir bekannt vor. Wer kann das sein?

Holmes

Um Himmels Willen, Watson, ein Gespenst nähert sich uns! Das ist der Prinzgemahl Albert, der schon 1861 verschied, Gott hab ihn selig. Was möchte er uns mitteilen?

Prince Albert

Guten Morgen, meine Herren! Ich weiß, wer Sie sind und was Sie hier suchen. Wir Geister haben besondere Fähigkeiten. Ja, Dr. Watson, ich bin Albert von Sachsen-Coburg und Gotha. Auch nach meinem Tod kümmere ich mich um das Wohl meiner Ehefrau Victoria. Sie möchten wissen, ob Übeltäter ihr Unwesen im Palast treiben könnten. Kommen Sie mit, ich zeige Ihnen unseren Palast. Wir nehmen diesen Eingang rechts.

Er öffnet eine Tür zwischen zwei Säulen, führt Holmes und Watson durch Räume und an Stallungen vorbei zum Garten, wo er einen Weg zwischen Rasenflächen zum Palast nimmt. Zusammen steigen sie einige Stufen zur Gartenterrasse. Dort hält Prinz Albert an der mit steinernen Urnen verzierten Balustrade an.

Prince Albert

Schauen Sie, meine Herren, welch ein herrlicher Park sich hinter diesen Mauern verbirgt. Eine siebzehn Hektar große Fläche mit See. Den besten Blick darauf hat man vom Musiksaal – hinter uns oben, von den Fenstern in diesem vorspringenden Halbkreis. Gehen wir doch hinauf!

Er schließt eine Tür auf und führt durch einen abgedunkelten Saal zu einem prächtigen Treppenhaus mit vergoldeten Zierbalustraden. Unter einer Glaskuppel steigen sie an riesigen Wandporträts vorbei in die obere Etage. Dann durchschreiten sie ein langes, breites Zimmer, in dem mit Stoff abgedeckte Gemälde an den Wänden hängen, und betreten einen düsteren, staubigen Saal. Dort sind schwere Decken über den Möbeln ausgebreitet.

Prince Albert

Das lange Zimmer war die Picture Gallery, aber die Bilder – von Rembrandt, Rubens, Vermeer und noch vielen anderen – können Sie heute nicht sehen. Seit meinem Tod wohnt Victoria selten hier. Sie fühlt sich auf Schloss Windsor wohler und dieser Palast ist zehn Monate im Jahr verlassen und abgedunkelt. Aber wir hatten wunderbare Zeiten, vor allem in diesem Musiksaal. Dreimal spielte

Mendelssohn hier, auch Johann Strauss aus Wien war zu Gast. Wussten Sie, dass ich selber komponierte?

Holmes

Selbstverständlich ist uns das bekannt, Majestät, aber ein anderes Anliegen führt Watson und mich hierher.

Prince Albert

Nur Geduld, Mr. Holmes, ich zeige alles, was Sie sehen möchten. Ich kenne den Palast wie meine Westentasche. Als Victoria und ich nach unserer Hochzeit einzogen, herrschten schlimme Zustände, und ich musste für Ordnung sorgen. Ich hatte genug Zeit, da Victoria mich anfangs von den Staatsgeschäften fernhielt. Es gab zu wenig Platz für Gäste und gar keine Kinderzimmer. Weil alle Kamine rauchten, konnten wir nicht richtig heizen. Trotzdem stanken die Räume entsetzlich. Sie waren nämlich dreckig – das Personal war faul und putzte nicht richtig.

Watson

Sie sind noch für Ihre guten Taten und Ihren Ordnungssinn bekannt.

Prince Albert

Ich war nicht immer beliebt. Eure englischen Adligen hielten mich für steif; zu viel Bildung war ihnen suspekt! Auch wollte ich nicht ständig zur Jagd reiten. Und nicht zuletzt fanden sie den zweiten Sohn des Herzogs eines deutschen Kleinstaats keine wirklich glanzvolle Partie für eine britische Monarchin. Obwohl mein Onkel Leopold König von Belgien war.

Holmes

Sie haben schließlich alle überzeugt. Die große Weltausstellung von 1851 war Ihr Werk, eines der bedeutenden Ereignisse unseres Jahrhunderts. Und die Thronfolge haben Sie gesichert.

Prince Albert

Ja, neun Kinder! Dank meiner guten Erziehungsmethoden erreichten alle das Erwachsenenalter. Sechs davon heirateten in deutsche Fürstenhäuser. Victoria hat mich verewigt. Die Konzerthalle, die Royal Albert Hall, trägt ja meinen Namen – und gegenüber setzte man mir ein wahrlich beeindruckendes Denkmal. 54 Meter hoch! Ich throne unter dem Baldachin, von allegorischen Figuren umgeben. Vergoldet haben Sie mich auch noch. Da kann man schon zufrieden sein. Das habe ich alles Victoria zu verdanken. Seit 33 Jahren ist sie nun schon Witwe, trauert immer noch, und lässt jeden Abend heißes Wasser in mein Schlafzimmer im Schloss Windsor bringen, als lebte ich noch.

Holmes *(holt seine Uhr aus der Westentasche)*

Wenn Eure Majestät entschuldigen…

Prince Albert

Warum habe ich Sie hierhin geführt? Schauen Sie hinaus. Das ganze Gelände ist durch eine hohe Mauer abgesichert. Gardisten patrouillieren ständig, auch wenn der Hof nicht anwesend ist. Ohne mich wären Sie nie durch die Stallungen hinein gekommen. Und die Vorderseite des Palasts ist noch besser bewacht. Was kann hier schon passieren?

Sie steigen über das goldverzierte Treppenhaus hinab, passieren eine imposante Eingangshalle und treten in den menschenleeren Innenhof. Diesen überqueren sie und erreichen über eine dunkle Treppe das Balkonzimmer im ersten Stock des Ostflügels.

Prince Albert

Nach zehn Jahren war der Palast für unsere junge Familie zu klein. Den Innenhof, den Sie eben gesehen haben, betraten wir früher durch einen Triumphbogen aus Marmor – ja der berühmte Marble Arch. Den Bogen entfernten wir – jetzt steht er an der Nordostecke des Hyde Park – und bauten an der Stelle diesen neuen Flügel. Jetzt gibt es von diesem Balkon einen wunderschönen Blick auf The Mall und St James's Park. Eine perfekte Inszenierung für große Ereignisse! Von hier oben verabschiedeten Victoria und ich die Truppen in den Krimkrieg. Und schauen Sie: vor dem Palast ist die königliche Wache postiert. Sollte ein Verbrecher trotzdem hineinschleichen, muss er mit mir rechnen. Ich sorge hier für Ordnung.

Er führt Holmes und Watson hinunter zum Vorhof des Palasts, verabschiedet sich und lässt sie durch ein Tor hinaus. Sie laufen ein Stück The Mall entlang, gehen nach rechts durch den St James's Park zum See, überqueren die Brücke und laufen parallel zum See, um den Park an der Südostecke zu verlassen. Über die Great George Street kommen sie zum Parliament Square, an deren Südseite die Westminster Abbey steht.

3. Krönungen und Gräber (Westminster Abbey)

Der Ring macht Ehen — und Ringe sind's, die eine Kette machen.
(Aus MARIA STUART, Friedrich Schiller)

Westminster Abbey ist wahrscheinlich das bedeutendste Bauwerk in ganz England, Krönungsort seit 1066 und letzte Ruhestätte von 17 Monarchen. Diese riesige Kirche ist zugleich ein nationales Heiligtum und eine Art Ruhmeshalle, in der berühmte Personen — Staatsmänner, Wissenschaftler, Künstler und Schriftsteller — beerdigt oder mit einem Denkmal geehrt werden. Das letzte große Ereignis in der Abtei war die Hochzeit von Prinz William und Kate Middleton im April 2011.

Der fromme König Edward der Bekenner gründete auf einer ehemaligen Insel in den Flußauen der Themse eine Abtei, da er sein Gelübde, nach Rom zu pilgern, nicht einlösen konnte. Er wurde im Jahr 1066 in der unvollendeten Kirche begraben. Nach Edwards Heiligsprechung zog der Kult um seine Gebeine viele Pilger an. Henry III ließ ab 1245 eine neue Kirche im gotischen Stil errichten. Doch es hat 500 Jahre gedauert, bis mit den beiden Westtürmen das Werk vollendet war.

Königsgräber sowie die Grabmäler und Gedenktafeln anderer Berühmtheiten reihen sich heute dicht aneinander. Besucherscharen zahlen einen saftigen Eintrittspreis, um diese Denkmalschau zu bestaunen. Um die wunderbare Architektur und besondere Stimmung kostenlos in Ruhe zu genießen, und um einen guten Chor zu hören, besucht man den Abendgottesdienst „Evensong" (Mo. — Fr. 17 Uhr, Sa./So. meist 15 Uhr).

Holmes und Watson überqueren Parliament Square und betreten durch das Nordportal die Kirche, wo es kühler und stiller ist als auf dem sonnigen Platz.

Fußtritte und gedämpfte Stimmen unsichtbarer Personen hallen lange im hohen Gewölbe, doch der Mann, der auf sie zukommt, gleitet lautlos über die Steinplatten. Er trägt Kleidung – Rock, Weste und Kniehose – aus rotbraunem Samt sowie eine schulterlange weiße Perücke, hat ein Doppelkinn und eine hohe Stirn.

Watson

Ob wir wieder von einem Geist empfangen werden, Holmes?

Holmes

Es sieht zum Glück ganz so aus. Es gibt keine bessere Gelegenheit, die Abtei kennen zu lernen. Dieser Mann ist wohl Komponist. Er trägt eine Partitur in der Hand.

Komponist

Sie fragen sich, wer ich bin. Vielleicht erkennen Sie diese Musik.

Er zeigt die Partitur und singt einige Takte.

Komponist

Ich weiß, dass mein Erlöser lebet...

Holmes

Aus „Der Messias"! Sie sind Georg Friedrich Händel. Ich meine, Ihr Grab befindet sich in der Abtei.

Händel

Ich zeige es Ihnen. Drüben, von Dichtern und Schriftstellern umringt.

> Sie durchqueren die Kirche. Links befindet sich der Hochaltar, rechts das
> Chorgestühl. Händel bleibt im südlichen Querhaus stehen und zeigt auf ein
> Denkmal auf der rechten Seite.

Händel

Ein würdiges Grabmal, nicht? Der Bildhauer war der beste in England zu meiner Zeit – Roubiliac hieß er. Er hat mich gut getroffen. Dahinter eine Orgel, dort der biblische König David mit Harfe, und in meiner Hand diese Partitur.

Watson

Fühlen Sie sich unter den Schriftstellern wohl? Ich sehe viele bekannte Namen: Jane Austen, Charles Dickens, Lord Byron, Shakespeare, Wordsworth…

Händel

Keine schlechte Gesellschaft, bis auf den Wüstling Byron. Das beste Denkmal hat meines Erachtens der Schauspieler Garrick. Schauen Sie, wie dramatisch er zwischen den Vorhängen hervorlugt. Die meisten bekamen hier ein Denkmal oder eine Tafel mit Inschrift und sind woanders beerdigt. Aber Dickens' Grab ist tatsächlich hier, meins auch – und mich verbindet viel mit der Abtei. Kennen Sie meine Krönungsmusik?

Watson

Für wessen Krönung komponierten Sie?

Händel

Für George II. Ich war Kapellmeister seines Vaters, als er Kurfürst von Hannover und noch nicht König von England war. Für George I und seine Gäste schrieb ich die „Wassermusik", die wir in Booten auf der Themse aufführten. An die Krönung des Sohnes kann ich mich gut erinnern. Unter den schweren Pelzen schwitzte er so sehr, dass er in Ohnmacht fiel. Beinahe hätten sie ihn am selben Tag krönen und beerdigen können. Meine Musik aber – ein voller Erfolg! Vier Stücke schrieb ich. Eins davon, „Zadok the Priest", wurde seitdem bei jeder Krönung gespielt.

Watson

Hier gab es auch viele feierliche Begräbnisse.

Händel

Mein eigenes, zum Beispiel. Ich bat um eine private Beerdigung, aber es wurde fast zu einem Staatsakt. 3.000 Menschen kamen, drei Chöre sangen. Nur Könige werden mit mehr Ehren zu Grabe getragen. Monarchen bekommen natürlich einen besseren Platz als ich.

Händel führt sie zum Ostteil der Kirche am Schrein von Edward dem Bekenner vorbei. Um ihn herum sind die Hochgräber von vier Königen des Mittelalters.

Händel

Die alten Könige kenne ich auch. Die schöne Bronzefigur oben ist Henry III, der den Neubau der Kirche veranlasste. Dort sein Nachfolger, Edward I. Das Grab ist groß, aber ohne Figur: Es gab kein Geld mehr, er hatte alles für Kriege gegen die Schotten ausgegeben.

Holmes

Da Sie Schottland erwähnen: Können Sie uns das Grab von Maria Stuart zeigen?

Händel

Selbstverständlich. Wir sind auf dem Weg, und dort werde ich sie verlassen.

Ab 1502 entstand im Osten eins der Glanzstücke englischer Architektur überhaupt: die Marienkapelle, auch Kapelle von Henry VII genannt. Dieser erste Monarch der Tudor-Dynastie ließ sie als königliches Mausoleum bauen und sparte bei der Ausführung nicht, obwohl er ein knauseriger Herrscher war. Das fächerförmige Deckengewölbe mit kühn hängenden Schlusssteinen im Mittelschiff ist die Vollendung des „Perpendicular"-Stils, der letzten Phase der Gotik in England.

Händel verweist aber auf ein Grab im rechten Seitenschiff. Die marmorne Figur einer liegenden Frau hält die Hände zum Gebet gefaltet. Feine Details ihrer kostbaren Halskrause und eines mit Hermelin gefütterten Mantels sind in Marmor gemeißelt. Ihr Kopf ruht auf verzierten Kissen, zu ihren Füßen liegt ein gekrönter schottischer Löwe. Holmes und Watson bewundern das Geschick des Bildhauers und merken nicht, das Händel verschwunden und eine weibliche Figur erschienen ist. Ihre Stimme überrascht sie.

Maria Stuart
Mein Sohn hat das Grab in Auftrag gegeben. Eine späte Genugtuung.

Sie drehen sich um und stellen die Ähnlichkeit dieser Erscheinung mit der liegenden Figur fest.

Maria Stuart
Meine Geschichte kennen Sie sicher. Nein? Im Alter von sechs Tagen Königin von Schottland, später Königin von Frankreich. Mit 17 Jahren wurde ich Witwe und kehrte nach Schottland zurück. Und was für Zustände dort herrschten! Intrigen auf allen Seiten unter den verfeindeten Adelshäusern. Giftschlangen umringten mich – und schlimmer noch, Moralisten und Puritaner. Der Schrecklichste von allen war John Knox. „Reformator" nannte man ihn. Der Mann kannte kein Maß. Er kanzelte mich ab – zugegeben, meine Ehemänner waren nicht gut gewählt, aber ein Untertan hat nicht über meinen Lebenswandel zu urteilen! Als alle gegen mich waren, floh ich nach England…

Holmes
… wo Königin Elizabeth I Sie inhaftierte.

Maria Stuart
18 Jahre verbrachte ich in Gefangenschaft. Weil ich mich weigerte, meinen Anspruch auf den englischen Thron aufzugeben, machte mir Elizabeth den Prozess und unterschrieb mein Todesurteil. Sie bestellte nicht mal einen gescheiten Henker. Drei Schläge brauchte der Mann, um mich zu enthaupten.

Holmes

Und die späte Genugtuung, die Sie erwähnten?

Maria Stuart

Am Ende triumphierte das Haus Stuart. Ich hatte Nachkommen, Elizabeth keine. Also regierte mein Sohn James sowohl Schottland als auch England, und unsere Familiengruft in dieser Kirche ist mit späteren Generationen aus dem Hause Stuart voll besetzt.

Watson

Dann ist es für uns eine Ehre, für die Sicherheit der Abtei zu sorgen. Wir haben den Auftrag, Gefahr von dieser Kirche abzuwenden.

Maria Stuart

Wenn die Kirche Schutz braucht, dann kann ich Sie mit der richtigen Person bekannt machen.

> Sie führt um die königliche Kapelle herum, am Grab ihrer Rivalin Elizabeth I vorbei, geht dann ins nördliche Querhaus und zeigt auf ein Grab in zweiter Reihe an der östlichen Seite. Dort präsentiert sich eine dramatische Szene. Der Tod, als Skelett personifiziert und halb verschleiert, schleicht aus einer Gruft und zielt mit einem Pfeil auf eine Frau, die an der Schulter eines Mannes zurückfällt. Auf einmal ist Maria Stuart verschwunden, und eine blasse Dame in einem langen Seidenkleid steht vor dem Grabmal.

Blasse Dame

Kommen Sie! Sofort! Sie suchen den Mann, der gestern in der Abtei herumlungerte. Er hat mein Grabmal von oben bis unten inspiziert. Es sah aus, als wollte er etwas darin oder dahinter verstecken.

Holmes *(blickt auf die Inschrift)*

Sie sind wohl Elizabeth Nightingale. Darf ich mein Bedauern über ihren frühen Tod ausdrücken? Das ist vermutlich Ihr Ehemann, der eine schützende Hand ausstreckt.

Elizabeth Nightingale

Ihr Bedauern nutzt mir so wenig wie damals der Schutz meines Mannes, Mr. Holmes.

Watson

Erlitten Sie tatsächlich einen so schrecklichen Tod, wie diese Darstellung zeigt?

Elizabeth Nightingale

Ich war im achten Monat schwanger, als ein gewaltiger Blitz ohne jede Vorwarnung neben mir einschlug und eine mächtige Eiche am Wegesrand durch die Mitte spaltete. Der Schreck führte zu einer Frühgeburt. Das Kind überlebte, ich starb unter großen Schmerzen. Und was diese theatralische Bildhauerei betrifft: Die Idee stammte von meinem Schwager. Ängstlich wie er war, träumte er einmal, dass ein Skelett in sein Bett kroch und sich an meine Schwester kuschelte. Wenn Bildhauer ihre Meißel in die Hand nehmen, bekommen nur Frauen einen Schwächeanfall. Schauen Sie hin: Mein Mann ist tapfer, ich falle ihm in die Arme. Das ist gelogen! Ich habe so manchen Mann in die Flucht geschlagen. Alle kennen die Geschichte, wie ein Dieb nachts in die Abtei einbrach, das Gerippe mit Pfeil im Mondschein sah und davonlief. Das Brecheisen, das er hinterließ, wurde lange Zeit gezeigt. Aber in Wahrheit war ich es, die ihn vertrieb – und wenn dieser dünne Taugenichts von gestern noch einmal kommt …

Watson

Bravo! Schützen Sie unsere Abtei, dieses Symbol des britischen Weltreichs! Wir wissen nicht, welche Gefahr droht, aber vielleicht planen ausländische Anarchisten einen Anschlag.

Elizabeth Nightingale

Jetzt ersparen Sie mir diesen hohlen Patriotismus. Hier waren Ausländer überall am Werk. Auch mein Grabmal, wie das von Händel, ist das Werk von Roubiliac – klingt der Name etwa englisch? Der beste Bildhauer meiner Zeit in London – ein Franzose. Der herausragende Komponist – ein Deutscher.
Und das Prachtstück am Hauptaltar? Einen Cosmati-Fußboden nennt man diese Art von Mosaik. Er wurde vor 600 Jahren von Meistern aus Rom gemacht. Oder gehen Sie zu den Königsgräbern. Die Figur von Henry VII ist von Pietro Torrigiani, weil kein Engländer damals so gut Bronze gießen konnte. Auch die Figuren von Henrys Mutter und seiner Königin machte Torrigiani.

Watson

Da müssen Sie zugeben, dass auch Frauen in dieser Kirche geehrt werden.

Elizabeth Nightingale

Aber wie werden wir geehrt? Gehen Sie zu Margaret Douglas – sie liegt in der Marienkapelle und genießt den Trost eines schönen Grabes. In Begleitung ihrer acht Kinder, alle als Trauerfiguren abgebildet. In Wahrheit war es umgekehrt – die Mutter musste trauern. Vier Töchter und zwei Söhne starben im Kindesalter, und Margaret überlebte alle acht. Das ist das Los der Frauen, während die Männer sich ihrer großen Taten rühmen.

Sie zeigt auf die Denkmäler im „Gang der Staatsmänner" gegenüber ihrem eigenen Grab. Holmes und Watson schauen auf die in antiken Gewändern gekleideten Feldherren, Politiker und Bischöfe, die in heroischen Posen stehen, deklamieren oder entschlossen in die Ferne blicken.

Holmes

Sie geben mir das Stichwort, Mrs. Nightingale. Wir müssen zum Parlament.

Elizabeth Nightingale

Dort, wo die hohen Herren Reden halten! Dann gehen Sie und lassen Sie die Abtei in den Händen der Frauen.

4. Schießpulver und Fausthiebe
(Houses of Parliament)

Remember, remember the fifth of November,
Gunpowder, treason and plot!
(Traditioneller Reim)

Holmes und Watson verlassen Westminster Abbey, gehen an der Kirche St Margaret's vorbei, überqueren die Straße und erreichen den Palace of Westminster. Vor ihnen steht die Westminster Hall, rechts flankieren zwei reich geschmückte Türmchen den Eingang zum Parlament.

Die Parlamentsgebäude heißen Westminster Palace, weil Könige seit Edward dem Bekenner hier Hof hielten. Der verbliebene Teil des mittelalterlichen Palasts ist Westminster Hall, die im Jahre 1099 als damals größte Halle Europas fertig gestellt wurde. Dreihundert Jahre später baute Henry Yevele, Architekt von Westminster Abbey, die Stichbalkendecke, eine Meisterleistung der Zimmermannskunst, die ohne Stützen einen 21 x 73 Meter großen Raum überspannt. Westminster Hall war die prächtige Kulisse für Krönungsbankette und Aufsehen erregende gerichtliche Prozesse. Heute werden hier führende Persönlichkeiten des Königreichs vor der feierlichen Beerdigung aufgebahrt – im Jahr 1965 Sir Winston Churchill, 2002 die Königinmutter.

Auf einmal steht vor Holmes und Watson ein hoch gewachsener Mann mit langen, rotbraunen Haaren und einem üppigen Kinnbart. Er trägt einen breitkrempigen Hut und einen schwarzen Umhang.

Bärtiger Mann
Sie schauen sich die alte Halle genau an. Vielleicht kann ich Ihnen helfen. Suchen Sie den Eingang zum Keller?

Holmes *(betrachtet die Kleidung des Mannes und überlegt kurz)*

Guy Fawkes? Vielen Dank, die Kellerräume inspizieren wir gerne. Aber Mr. Fawkes, die Zeiten haben sich geändert. Es gibt keinen Grund mehr für eine katholische Verschwörung gegen die Krone. Seit mehr als 60 Jahren werden Katholiken ins Parlament gewählt. Wir sind gekommen, um das Haus zu schützen – nicht, wie Sie damals, um es in die Luft zu sprengen.

Guy Fawkes

Wir kämpften für eine gerechte Sache. In der Zeit der Königin Elizabeth mussten wir die heilige Messe heimlich feiern und unsere Priester verstecken, da sie gefoltert und als Staatsverräter hingerichtet wurden. Wer nicht zum anglikanischen Gottesdienst erschien, musste Strafe zahlen. Wenn wir uns weigerten, wurden wir enteignet, sogar ins Gefängnis gesteckt. Dann kam der Schotte James Stuart auf den Thron. Wir hatten die Hoffnung, er würde uns die Ausübung des wahren Glaubens erlauben. Aber er hat uns enttäuscht; und wir mussten handeln.

Watson

Sie sind aber kläglich gescheitert.

Guy Fawkes

Ganz und gar nicht! Der Plan war gut und ist beinahe gelungen. Wir pachteten den Keller unterhalb des House of Lords. Viele Leute mieteten sich hier Keller als Lagerräume, und man konnte kommen und gehen, wie man wollte. Wir versteckten 36 Tonnen Schießpulver unter Brennholz – genug, um am Tag der Eröffnungsfeier König James und alle Parlamentsmitglieder in die Luft zu sprengen.

Eine Gruppe zuverlässiger Männer stand bereit, die Tochter des Königs in unsere Gewalt zu bringen. Wir hätten sie auf den Thron gesetzt. Meine Aufgabe war es, die Lunte zu zünden, über die Themse zu entkommen, und in Spanien und Frankreich um Unterstützung für ein römisch-katholisches Königreich zu werben.

Watson
Ihre Verschwörung flog aber auf, Gott sei Dank.

Guy Fawkes
Das Problem war, dass nicht wenige Lords der alten Religion treu geblieben waren – auf eine diskrete Art und Weise, versteht sich. Einer von uns war zu zimperlich. Er wollte sie warnen, damit sie der Eröffnung fernblieben. Sein Schreiben fiel in die Hände der königlichen Minister, und am Abend vor der Eröffnung ließen sie das Gelände durchsuchen. Dort fanden sie mich mit dem Schießpulver.

Holmes
Und fast 400 Jahre später sind Sie immer noch hier.

Guy Fawkes
Wo sonst? In der Westminster Hall hat man mich vor Gericht gestellt. Ja, hier, wo vielen mutigen Männern der Prozess gemacht wurde. Vor mir waren es der schottische Rebell William Wallace und Thomas Morus, der sich weigerte, den König als Oberhaupt der Kirche anzuerkennen. Ich bin ich also in bester Gesellschaft.

Hier bin ich auch gestorben, im New Palace Yard. Ich warf mich vom Schafott und brach mir das Genick. So lebte ich nicht mehr, als der Henker mich vierteilte und mir die Eingeweide aus dem Leib riss.

Holmes

Ihrer gerechten Strafe sind Sie trotzdem nicht entkommen. Sie sind für immer als Übeltäter ins Gedächtnis aller Engländer gebrannt und kommen als Strohpuppe jedes Jahr am fünften November auf den Scheiterhaufen.

Guy Fawkes

Worauf ich stolz sein kann. Wer weiß heute noch, was König James in seinem Leben vollbrachte? Ich dagegen habe Spuren hinterlassen. Bis heute durchsucht die Garde die Kellerräume des Parlaments vor der jährlichen Eröffnung.

Holmes

Das ist bloß eine hübsche Tradition, eine Zeremonie mit historischen Uniformen.
Vergessen wir lieber die schlechten alten Zeiten und die Verfolgung der Katholiken. Würden Sie uns bitte den Kellereingang zeigen? Hat gestern schon jemand danach gefragt?

Guy Fawkes

Erwarten Sie keine Unterstützung von mir! Wenn der dünne Mann mit dem schwarzen Bart, der gestern erschien, noch einmal kommt, dann helfe ich ihm nach Kräften. Vor sechzig Jahren hatte ich schon die Genugtuung zu sehen, wie das Parlament abbrannte. Das war im Jahr 1834. Auch einer erneuten Zerstörung würde ich nicht im Weg stehen…

Holmes und Watson wenden sich wortlos von diesem renitenten Geist ab, gehen am New Palace Yard vorbei um die Ecke in Richtung Westminster Bridge und bleiben vor Big Ben stehen.

Bis auf Westminster Hall brannte das Parlament 1834 fast komplett ab. Der Maler William Turner hielt das Spektakel der Feuersbrunst und des von Flammen erleuchteten Himmels auf Leinwand fest. Vom Südufer der Themse, wo er seine Staffelei aufstellte, hat man einen herrlichen Blick auf die neuen Parlamentsgebäude, die zwischen 1839 und 1888 entstanden – im neugotischen Stil, damit sie mit Westminster Abbey harmonieren. Hinter der 266 Meter langen Fassade der Flussseite verbergen sich mehr als 1100 Räume, darunter die äußerst prunkvolle Kammer des Oberhauses (House of Lords) mit roten Ledersitzen und viel Gold, und die schlichte, überraschend kleine Kammer des Unterhauses (House of Commons). Das Wahrzeichen des Ensembles ist der 88 Meter hohe Big Ben. Die Uhr dieses Turms hat ein acht Meter hohes Zifferblatt und vier Meter lange Zeiger. Seit 1923 sendet die BBC den Klang der Glocke in alle Welt.

Holmes

Da wartet jemand auf uns, der mir besser gefällt als der Verräter Fawkes. Sie wissen, Watson, dass ich mich für den Boxkampf interessiere. Mit diesem Mann aber würde ich es nicht aufnehmen wollen. Das ist Ben Caunt.

Er zeigt auf eine hünenhafte Figur mit einem nackten, muskulösen Oberkörper. Die eng sitzende Kniebundhose verrät, dass dieser Mann Oberschenkel wie Baumstämme besitzt. Das eckige Kinn schiebt er nach vorn, die Nase ist so breit wie sein freundliches Grinsen.

Holmes

Ben, ich grüße Sie. Das ist Dr. Watson. Erzählen Sie ihm, wer Sie sind.

Ben Caunt

Ich war englischer Meister im Schwergewicht. Das ist lange her, aber wer meine Kämpfe sah, vergaß mich nie. Mein letzter Kampf – ich war über 40 Jahre alt – ging über 60 Runden. Dann konnten wir beide nicht mehr stehen und mussten ohne Ergebnis abbrechen. Zu meinen besten Zeiten hielt ich länger aus. Einmal gewann ich nach 101 Runden.

Watson

Was bringt Sie hierher zu Big Ben, Mr. Caunt?

Ben Caunt

Was denn wohl? Ich selbst bin Big Ben. Die große Glocke, die zur vollen Stunde schlägt, benannte man nach mir. Später hieß der ganze Turm „Big Ben". Ja, Sie schauen skeptisch. Man hat Ihnen wohl erzählt, dass die Glocke nach Sir Benjamin Hall heißt, diesem langatmigen Parlamentarier. Er war auch groß, und konnte fast noch länger reden, als ich kämpfte. Aber als die Glocke eingeweiht wurde, hätten Sie jeden Londoner fragen können, wer Big Ben ist. Keiner hätte an einen Politiker gedacht.

Watson

Sind Sie denn so gewichtig wie die Glocke?

Ben Caunt

Nicht ganz! Die Glocke wiegt vierzehn Tonnen. Das war ein Anblick, als 16 Pferde sie über die Brücke zogen. Es hat 18 Stunden gedauert, sie hoch in die Glockenkammer zu hieven. Besser man hätte mich dazu geholt.

Holmes

Ben, wir haben den Verdacht, dass jemand einen Anschlag auf den Turm oder das Parlament plant. Können Sie uns helfen?

Ben Caunt

An mir kommt keiner vorbei! Wer Big Ben schaden will, muss mit meinen Fäusten rechnen.

Holmes

Dann kann ich dem Premierminister berichten, dass hier keine Gefahr droht.

5. Eine berühmte Haustür
(Downing Street Nr. 10)

Wir gestalten Gebäude, später formen sie uns.
(Winston Churchill)

Downing Street Nr. 10, ein Labyrinth aus betagten, seit 300 Jahren immer wieder umgestalteten Bauten, ist als Amtssitz eines Regierungschefs heute eigentlich ungeeignet, aber das Haus ist ein Prestigesymbol, auf das kein Premierminister zu verzichten wagt. In den 1960er Jahren fand eine umfassende Sanierung statt. Dazu gehörten neue Fundamente und eine Fassadenreinigung. Die von Rußschichten befreiten gelben Ziegelsteine erhielten dann einen schwarzen Anstrich, um das gewohnte Bild zu bewahren. Die alte Tür von Downing Street Nr. 10 musste einer Sicherheitstür weichen und ist im Museum der Churchill War Rooms zu sehen (King Charles Street nahe Downing Street, tgl. 9.30 – 18 Uhr).

Aber auch die neue Version der wohl berühmtesten Haustür der Welt ist schwarz, trägt die Nummer 10 in weiß und hat als Klopfer einen Löwenkopf aus Messing. Davor ließen sich zahllose Prominente fotografieren, etwa Gandhi, der 1931 auch für Gespräche auf höchster Ebene einen Anzug verpönte und sich sein dhoti-Tuch umwickelte, oder Churchill, der während des Zweiten Weltkriegs gern mit siegesgewissem V-Zeichen (Victory) dort erschien. Bis heute geben britische Premierminister wichtige Neuigkeiten wie Rücktritte vor der Tür bekannt.

Downing Street Nr. 10 dient seit 1735 als Amtssitz des Premierministers. Hinter dem bescheidenen Eingang befinden sich 100 Räume auf fünf Etagen, darunter elegante Empfangssäle, nüchterne Konferenzzimmer und Büros. Die Wohnung des Premierministers ist im dritten Obergeschoss. Es gibt einen

Innenhof, ein großes Hinterhaus und auf der Rückseite einen Rosengarten, Rasenflächen und eine Terrasse mit Blick auf St James's Park. Nebenan im Haus Nr. 11 wohnt und arbeitet der Schatzkanzler (Finanzminister).

Bis in die 1980er Jahre gab es freien Zugang zur Downing Street. Jeder Tourist konnte vorbei spazieren und ein Foto machen. Aus Angst vor Attentaten sicherte Margaret Thatchers Regierung die kurze Straße mit einem Tor und Wachposten. Die Angst war berechtigt: 1991 verübte die Irisch-Republikanische Armee von einem in der Straße Whitehall geparkten Ford Transit einen Mörserangriff. Das Projektil hinterließ einen tiefen Krater im Garten und zerstörte Fensterscheiben. Heute können Neugierige nur noch am Tor am Ende der Straße stehen und einen Blick auf die Häuserreihe 10 bis 12 werfen.

Holmes und Watson melden sich beim wachhabenden Polizisten und werden eingelassen. Ein Privatsekretär führt Holmes zum Büro des Premierministers und bittet Watson, im Cabinet Room zu warten. Er setzt sich und betrachtet den langen Tisch, der durch eine Öffnung zwischen zwei Säulenpaaren zu sehen ist. Auf einmal merkt er, dass jemand neben ihm steht. Der Mann trägt eine lockige Perücke, einen langen Samtrock mit breiten Aufschlägen und goldenen Knöpfen, darunter eine seidene Weste mit einer Borte aus Goldbrokatblumen.

Watson *(erhebt sich und hustet verlegen)*

Ich hoffe, ich störe nicht. Man bat mich, hier zu warten. Mein Name ist Dr. John Watson. Sie kommen mir bekannt vor, aber ich kenne Ihren Namen leider nicht.

Mann mit Perücke

In der Eingangshalle kamen Sie an meinem Porträt vorbei. Ich heiße Downing, Sir George Downing. Nach mir wurde diese Straße benannt, weil ich sie bauen ließ.

Watson

Haben Sie denn hier gewohnt?

Sir George Downing

O nein! Das kam nicht in Frage. Ich weiß nämlich, wie diese Häuser gebaut sind und hatte mich zum Glück schon aus dem Staub gemacht, als sie fertig wurden – im Jahre 1675 zog ich von London nach Cambridge und hatte dort meine Ruhe. Der Boden hier ist zu weich und sumpfig. Ich wollte kein Vermögen für Fundamente ausgeben, doch anscheinend hat's gereicht.

Watson

Wie kamen Sie in den Besitz der Grundstücke?

Sir George Downing

König Charles II zeigte sich erkenntlich, weil ich mich von meinen ehemaligen Freunden der parlamentarischen Partei trennte. Ich hatte Oliver Cromwells Geheimdienst geleitet und kannte viele Leute. Man schätzte auch meine Fähigkeiten als Diplomat. Als der alte Cromwell starb und die Stuart-Dynastie wieder eingesetzt wurde, dachte ich mir, „Die Zeiten ändern sich." Ich fand mich mit den neuen Verhältnissen ab – was sich lohnte. Das Land, das mir seine Majestät schenkte, ist ein wahres Filetstück, ganz in der Nähe vom Whitehall Palace – zu meiner Zeit die königliche Residenz, wissen Sie – und nur ein Katzensprung vom Park. Ich baute fünfzehn Häuser und konnte sie im Handumdrehen an Leute aus der feinen Gesellschaft verkaufen. Ein wunderbares Geschäft!

Watson

Unter den feinen Leuten war der Premierminister. Glückwunsch!

Sir George Downing

Nein, das kam fünfzig Jahre später. Walpole hieß er, der erste, den man Premierminister nennt. Da ist er, über dem Kamin – der Künstler hat ihn gut getroffen. Er ließ drei Häuser zu diesem einen Großen umbauen. Sir Robert Walpole – was für ein Ganove! Mir sagt man nach, ich hätte geschickt auf meinen eigenen Vorteil geachtet, aber was dieser Mann in zwanzig Jahren Amtszeit abgesahnt hat, da kann ich nur sagen: Hut ab! Er wurde so reich, er konnte dem König vorschlagen, dass dieses Haus nicht ihm persönlich, sondern seinem Amt zur Verfügung gestellt wird. So blieb es auch. Er hatte übrigens einen sehr guten Architekten, William Kent. Ich staunte, als ich sah, welche schönen Interieurs in meinen Häusern entstanden.

Watson

In diesem Raum finden Kabinettsitzungen statt, sagte man mir gerade.

Sir George Downing

Richtig. Deshalb der lange Tisch, damit die ganzen überflüssigen Minister alle Platz finden. Der Premierminister sitzt in der Mitte der langen Seite, dort, wo der einzige Stuhl mit Armlehnen steht.

Watson

Wenn ich denke, wer alles hier war! Die großen Staatsmänner, die Napoleon die Stirn boten – der jüngere William Pitt, später der Herzog von Wellington.

Sir George Downing

Wellington hatte Stil, für ihn habe ich was übrig. Aber Pitt? Premierminister mit 24 Jahren, was für ein dummer Streber! 20 Jahre blieb er im Amt, hat sich zu Tode gearbeitet und hinterließ Schulden. Wie kann man so lange an den Hebeln der Macht sitzen und hoch verschuldet sterben?

Watson

Sie spotten, aber Ihre Straße ist ein erhebender Ort, Sir George.

Sir George Downing

Wenn Sie nur wüssten! Bevor ich sie baute, fanden hier Hahnenkämpfe statt. Später gefiel manch einem die Adresse wegen der Nähe zu den leichten Mädchen im Park – der junge Schriftsteller James Boswell war so einer. Es gab auch Kneipen in der Straße, nicht nur langweilige Ämter wie jetzt. Und ich habe meine Zweifel, ob das, was heute hier passiert, wirklich anständiger ist. Hahnenkämpfe sind es immer noch, die an diesem Tisch stattfinden, nur die Einsätze sind höher. Ich verschwinde nun, der amtierende Premier kommt. Leben Sie wohl, Dr. Watson.

Lord Salisbury und Holmes betreten gemeinsam den Cabinet Room.

Lord Salisbury

Mr. Watson, bekanntlich leisten Sie Mr. Holmes tatkräftige Unterstützung. Das Königreich ist einer schlimmen Bedrohung ausgesetzt. Ich verlasse mich ganz auf Sie beide. Ich bin, wie Sie sicher wissen, erst seit fünf Tagen wieder Premierminister und möchte nicht, dass meine Amtszeit mit einer Katastrophe beginnt. Gott sei mit Ihnen!

Holmes und Watson verlassen Downing Street und folgen der Whitehall weiter nach links.

Holmes

Lord Salisbury hat einen Drohbrief erhalten. Der Absender – natürlich anonym, nach der Handschrift zu urteilen ein Mann mittleren Alters mit ausgeprägtem Selbstbewusstsein, impulsiv, jemand, der nicht gerne etwas preisgibt – kündigt an, er werde um Mitternacht einen Anschlag verüben, mit schwerwiegenden wirtschaftlichen Folgen und Verlust an Ansehen für die Regierung – es sei denn, die Summe von einer Million Pfund wird übergeben. Die Einzelheiten zur Übergabe werden später mitgeteilt.

Das Schreibpapier ist überall erhältlich. Das Kuvert und der Poststempel – gestern in Westminster – verraten auch nichts. Sie erinnern sich an das schreckliche Eisenbahnunglück in Acton letztes Jahr? Das war kein Unfall. Lord Salisburys Vorgänger erhielt ein ähnliches Schreiben, das man nicht ernst nahm, und so kam es zur Tragödie. Die Sache wurde geheim gehalten. Ich ahnte es schon damals, aber leider zog man mich nicht zu Rate. Jetzt hat der Premierminister Scotland Yard verständigt, zweifelt aber, dass die Polizei den Fall löst. Wir haben heute viel zu tun, Watson!

6. Der König und der Malerfürst (Banqueting House)

Schwer ruht das Haupt, das eine Krone drückt!
(Aus HEINRICH IV., William Shakespeare)

Das Banqueting House ist der einzige verbleibende Teil des riesigen Whitehall Palace, einer Hauptresidenz der Tudor- und Stuart-Monarchen. Nachdem der Rest 1698 abbrannte, wurde das Banqueting House bis 1890 als Kapelle und Konzertsaal benutzt, dann bis 1962 als Militärmuseum. Heute – nach Restaurierung – gehört es zu einer Gruppe königlicher Paläste, die ihre Pforten für Besucher öffnen.

Holmes und Watson überqueren Whitehall und stehen bald vor einem imposanten zweistöckigen Bauwerk, das ein steinernes Geländer krönt.

Holmes

Das Banqueting House ist ein bedeutendes historisches Denkmal und ein Symbol der Regierungsmacht, also ein exponiertes Ziel für ein Verbrechen. Ich werde es von außen gründlich untersuchen. Gehen Sie hinein und schauen Sie sich um.

Watson steigt einige Stufen in das untere Geschoss hinab. Dort führt eine breite Treppe wieder nach oben. Er betritt einen hohen Saal, der sich über beide Obergeschosse erstreckt. Großflächige Malereien schmücken die Decke, von der prächtige Leuchter hängen.

Watson

Oh, wie schauderhaft! Da steht ein Mensch ohne Kopf. Donnerwetter! Ich glaube, das ist König Charles I.

Tatsächlich kommt eine seltsame Figur auf ihn zu. Sie ist kostbar gekleidet in einer Jacke aus glänzender brauner Seide. Ein breiter Kragen aus feinster Spitze bedeckt die Schultern – aber auf diesen Schultern befindet sich kein Kopf. Stattdessen hält die Figur den Kopf unter dem angewinkelten rechten Arm. Watson sieht einen gepflegten Spitzbart und lange, dunkle Haare mit Mittelscheitel. Er schreckt zurück, als der Mund sich öffnet und ihn anspricht.

Charles I

Fürchten Sie sich nicht! Ich freue mich, dass mich jemand in meiner Banketthalle besucht. Wissen Sie, was mir passiert ist? Meine eigenen Untertanen haben mich enthauptet. Hier direkt, auf einem Schafott vor meinem eigenen Festsaal. Ich will es Ihnen erzählen.

Watson

Majestät, es wäre eine Ehre, die Geschichte aus Ihrem eigenen Mund zu hören. Würden Sie mich bitte daran erinnern, wann das geschehen ist?

Charles I

Das weiß doch jedes Kind! Im Jahr des Herrn 1649 natürlich. Die Parlamentarier haben meine Armeen besiegt, ich wurde verraten und an meine Feinde übergeben. Sie machten mir den Prozess in der Westminster Hall. Ich erkannte das Gericht natürlich nicht an – ich war Monarch durch Gottes Gnaden, kein Parlament hatte Autorität über mich. Aber sie verurteilten mich als Verräter und Mörder. Meine letzte Nacht verbrachte ich im alten Palast auf der anderen Seite von St James's Park, wo ich mich von meinen Kindern verabschiedete. Dann wurde ich von einer bewaffneten Bande zu Fuß hierhin gebracht – reiten durfte ich nicht, so eine Erniedrigung! Schließlich musste ich aus dem Fenster steigen zu einem Schafott vor der Halle. Ich verhielt mich mit Würde, zog ein zweites Hemd an – der Tag war eisig, ich wollte nicht vor Kälte zittern und den Eindruck erwecken, ängstlich zu sein – und erklärte den Anwesenden in meiner letzten Rede, dass der Allmächtige auf meiner Seite steht. Und so war es auch: Elf Jahre später saß wieder ein König aus dem Hause Stuart auf dem Thron: mein Sohn Charles.

Watson

Darf ich fragen, warum Sie sich hier aufhalten?

Charles I

Dieser Bankettsaal zeigt, wie glorreich wir regierten. Mein Vater, James I, hat ihn bauen lassen – von Inigo Jones, dem besten Architekten des Königreichs. Er reiste durch Italien und brachte einen völlig neuen Stil nach England. Dieses Bauwerk war eine Sensation, es gab nichts Vergleichbares im Lande.
Als mein Vater starb, habe ich ihm ein Denkmal gesetzt. Die Deckengemälde stellen seine weise und gerechte Herrschaft dar. Ja, diese herrlichen Malereien sind mein Beitrag.

Watson

Wie hieß der Maler?

Charles I

Rubens, so war sein Name, ein Niederländer. Er kam als Diplomat nach London, als Gesandter des spanischen Königs. Ich adelte ihn damals: Sir Peter Paul

Rubens. Er hielt viel auf sich, benahm sich nicht wie unsere englischen Maler, also wie ein besserer Handwerker, sondern fast wie ein Fürst. Alle sagten, er sei der beste des Kontinents, und so konnte ich natürlich keinen anderen nehmen. Aber die Kosten! 3.000 Pfund! Dieser Rubens arbeitete auch nicht vor Ort auf dem Rücken liegend, hoch oben auf einem Gerüst. Nein, das war ihm zu unbequem. Alles wurde auf Leinwand in seinem Atelier in Antwerpen gemalt, zusammengerollt und dann hier installiert.

Hat sich aber gelohnt, oder? Schauen Sie mal auf das große Oval in der Mitte: Da steigt mein Vater in den Himmel, von Göttern und Göttinnen begleitet.

Watson

Großartig! Was für eine Kulisse für königliche Feierlichkeiten! Ich hätte das gerne erlebt.

Charles I

Tja, so lief es leider nicht. Weil die Gemälde so kostbar sind, konnten wir sie dem Kerzenruß nicht aussetzen, und die Feste mussten aufhören. Vorher hatten wir die wunderbarste Unterhaltung, Maskenspiele mit Musik, Tanz, Dichtung. Nachher nutzte ich den Saal, um Botschafter zu empfangen: Dieser Raum macht Eindruck! Ist Ihnen schon aufgefallen, dass er die perfekte Form hat? Ein Doppelkubus, d.h. gleiche Höhe und Breite, aber doppelt so lang. Die vollkommenen Proportionen, meinte der Architekt.

Watson

Majestät, es gibt Hinweise, dass jemand einen Anschlag auf dieses Haus verüben möchte. Haben Sie hier etwas Ungewöhnliches gesehen, Menschen mit Sprengstoff vielleicht?

Charles I

Ich passe sehr auf meine Banketthalle auf, das können Sie mir glauben. Gestern lauerte eine dunkle Gestalt an der Rückseite des Hauses und versuchte, die Fenster aufzustemmen. Ich habe ihm den Schreck seines Lebens eingejagt, so schnell wird er nicht noch mal auftauchen.

Es ist Zeit, dass auch Sie gehen! Die Audienz ist vorbei. Und vergessen Sie nicht: Wir, die Stuarts, sind die von Gott erwählten Herrscher. Zeigen Sie Respekt, denn vielleicht sitzt bald wieder ein Charles oder James auf dem Thron.

> **Watson verneigt sich vor dem König und nimmt die Treppe zur Straße hinunter. Im selben Augenblick kommt Sherlock Holmes um die Ecke.**

Holmes

Ich sehe, Sie reiben sich den Nacken, Watson, und Sie haben einen Knick im Kragen. Gefielen Ihnen die Deckenmalereien? Während Sie sich Kunst anschauten, habe ich an den Fensterrahmen hinten verdächtige Kratzer entdeckt. Sie stammen von einer Brechstange, die am Boden lag – dort wollte jemand einbrechen, ist aber offensichtlich in Eile abgezogen.

Watson

Das stimmt, ich weiß es schon.

Holmes *(schaut Watson verwundert an)*

Wieder ein Schutzgeist? Dann müssen wir Scotland Yard nicht bitten, das Gebäude zu überwachen. Wir gehen jetzt zum Trafalgar Square. Das war, sagte Mays, die nächste Station für seinen Fahrgast.

Auf dem Weg entlang Whitehall in Richtung Trafalgar Square passieren Holmes und Watson auf der rechten Seite die Straße Great Scotland Yard. Der Ursprung des Namens liegt wahrscheinlich in einer Repräsentanz des schottischen Königreichs am englischen Hof im Mittelalter. Diese berühmte Adresse ist längst nicht mehr Standort der Londoner Polizei. Nach Gründung der Metropolitan Police 1829 arbeiteten die ersten „Bobbies" – so genannt, weil der damalige Premierminister Peel den Vornamen „Robert" hatte – im benachbarten Whitehall Place und besetzten auch die Hausnummern 8 und 9 in Great Scotland Yard. 1890 erfolgte der Umzug in eigens gebaute Räumlichkeiten am Themseufer, die den Namen New Scotland Yard erhielten. Heute befindet sich das Hauptquartier der Londoner Polizei an der Straße Broadway nahe dem U-Bahnhof St James's Park.

7. Ein Volksheld
(Trafalgar Square)

England erwartet, dass jedermann seine Pflicht tut.
(Signal von Admiral Nelson an seine Flotte bei der Schlacht von Trafalgar)

Trafalgar Square, einer der belebtesten Londoner Plätze, ist zugleich der Mittelpunkt der Stadt: An seiner Südseite markiert eine in die Fahrbahn eingelassene Messingplatte die Stelle des alten Hochkreuzes, Charing Cross. Das Kreuz stand auf halber Strecke zwischen den beiden Siedlungen, aus denen die Großstadt London entstand: Im Westen lag das Königs- und Regierungsviertel Westminster, östlich die Kaufmannssiedlung, die City of London.

1829 riss der Architekt John Nash ein Wirrwarr kleiner Gassen und Häuser ab, um einen öffentlichen Platz zu schaffen. An der Nordseite des Platzes, früher Standort der königlichen Stallungen, steht jetzt die National Gallery, an der Nordostecke die Kirche St Martin-in-the-Fields. Steinsockel tragen Statuen von König George IV und zwei Männern, Henry Havelock und Charles Napier, die die britische Herrschaft in Indien ausbauten. Der vierte, nordwestliche Sockel blieb leer und wird heute als Standort für wechselnde Kunstwerke genutzt.

Zwei große Brunnen und vier bronzene Löwen umgeben Nelson's Column, eine mit der Statue des hochverehrten Marinehelden Lord Horatio Nelson gekrönte Säule. Am 5. Oktober 1805 besiegte Nelson die französisch-spanische Flotte vor der spanischen Küste bei Kap Trafalgar, verlor aber während der Schlacht sein Leben. Der Sieg bannte die Gefahr einer Invasion durch Napoleons Armeen und sicherte die weltweite Überlegenheit der britischen Seemacht.

Vom nördlichen Ende der Whitehall erreichen Holmes und Watson Trafalgar Square. Sie überqueren die Straße zur Platzmitte, gehen zur Säule und betrachten die Bronzereliefs, die Nelsons Seeschlachten darstellen.

Holmes

Wenn jemand ein Symbol des Empire angreifen will, dann steht Nelson's Column ganz oben auf der Liste möglicher Ziele.

Ein kräftig gebauter, untersetzter Mann beobachtet ihn von der Seite. Er trägt die Kleidung eines Bauarbeiters: Ein blaues Hemd aus festem Stoff, ein rotes Halstuch und eine abgewetzte schwarze Hose.

Bauarbeiter

Wenn Sie jemand suchen, der sich hier auskennt, dann sind Sie bei mir richtig. Ich war der Polier, als dieser Platz eine Baustelle war. Daniel Briggs ist mein Name. Ich habe die Errichtung der Säule geleitet.

Holmes

Uns interessiert die Frage, wie ein Staatsfeind die Säule beschädigen könnte. Kennen Sie irgendwelche Schwachstellen?

Daniel Briggs

Nein, ganz sicher nicht. Meinen Sie, wir hätten schlampig gearbeitet? Fühlen Sie mal – Granit aus dem Dartmoor von unten bis oben, alle 46 Meter. Einen beständigeren Stein finden Sie nirgendwo, und mit einer Breite von dreieinhalb

Metern ist die Säule sehr stabil. Außerdem arbeiteten wir nach den neuesten Methoden. Es gab sogar eine Dampfmaschine auf Rädern, um die Steine – bis zu zehn Tonnen wogen sie – ohne Muskelkraft zu heben. Und was glauben Sie, was die Steinmetze und ich machten, als die Säule fertig und die Statue noch nicht drauf war? Wir speisten wie die Könige dort oben, Roastbeef und Ale für vierzehn Mann, alle an einem großen Tisch. So viel Platz gibt es. Wir tranken auf den Admiral. Verdient hat er es ja!

Watson

Wahrlich ein großer Mann!

Daniel Briggs

Fünfeinhalb Meter groß ist er da oben – im Leben war er klein, sagt man, aber ein echter Held. Die Bildhauer erzählten mir, was sie auf den Bronzeplatten darstellten. Hier ist die Schlacht von St Vincent. Nelson ignorierte Befehle, segelte aus der Reihe und griff gleich drei spanische Schiffe mit seinem eigenen an.

Holmes

Auf dieser Seite sehe ich eine berühmte Geschichte. Das ist wohl die Schlacht von Kopenhagen, wo er wieder einen Befehl missachtete und sein Teleskop an das blinde Auge hielt, damit er das Signal zum Rückzug nicht sah. Tatkräftig und eigenwillig, unser Nelson.

Daniel Briggs

Obrigkeit hat ihn nie eingeschüchtert – ein Beispiel für uns alle. Und hier sehen Sie eine Szene aus der Schlacht in der Bucht von Abukir, am Nil. Mit einer schweren Kopfwunde bringen sie ihn in die Kabine. Der Chirurg kommt sofort und lässt dafür einen Matrosen liegen, aber Nelson sagt, „Ich warte mit meinen tapferen Kameraden, bis ich an der Reihe bin." Den rechten Arm verlor er, er war blind auf einem Auge, aber im Kampf versteckte er sich nie. Ich habe gern an seinem Denkmal gearbeitet. Das Volk liebt ihn – auch wenn die Herrschaften, die diesen Platz anlegten, das Volk nicht liebten.

Watson
Wie meinen Sie das?

Daniel Briggs *(zeigt zur Südostecke des Platzes)*
Die kleine Säule vor der Statue von Henry Havelock ist ein Versteck für Polizisten, die den Platz beobachten. Massenversammlungen sind unerwünscht. Deshalb sind die Wasserbecken der Brunnen so groß, um Demonstrationen zu verhindern. Wir Londoner halten nicht viel von so etwas. Wenn wir Wut haben, dann knallt's mächtig. Vor zehn Jahren gab's hier Proteste, als so viele arbeitslos waren. Aber vor Lord Nelson haben alle Respekt. Meine Truppe und ich sorgen dafür, dass dem Admiral nichts passiert.

Holmes
Dann bedanken wir uns und wünschen Ihnen einen guten Tag.

8. Rosen und Apfelsinen
(Covent Garden)

Die dachten alle, sie is' tot; aber mein Vater, der hat ihr Gin in die Kehle geschüttet bis sie zu sich kam – so plötzlich, dass sie den Löffel vom Stiel abbiss.
(Eliza Doolittle in PYGMALION, George Bernard Shaw)

Holmes und Watson gehen von Trafalgar Square in die St Martin's Lane, dann nach rechts in die New Row, die im späteren Verlauf King Street heißt, und erreichen den Platz um die Markthalle von Covent Garden.

Covent Garden war im Mittelalter ein Garten der Mönche von Westminster Abbey. Nach der Auflösung aller Klöster des Landes unter Henry VIII im Jahr 1540 kam das Gelände in den Besitz der Grafen von Bedford. Ein knappes Jahrhundert später plante der vierte Graf ein nobles Wohnviertel und beauftragte den Architekten Inigo Jones, eine Kirche zu bauen – und eine Piazza, der erste vornehme Londoner Stadtplatz, für den italienische Piazzen und der Place de Vosges in Paris Pate standen.
Eine feine Wohngegend blieb Covent Garden nicht lang. Bereits 1654 gab es einen Markt. Bald zogen Theater, Tavernen und Prostituierte her. Im neunzehnten Jahrhundert wurde das verruchte Rotlicht- und Amüsierviertel gesäubert, 1830 die heute noch existierenden Markthallen errichtet. Covent Garden blieb bis 1974 Londons Großmarkt für Obst und Gemüse und wurde zu einer berühmten Kulisse: im Musical „My Fair Lady" lernt Professor Higgins dort die Blumenverkäuferin Eliza Doolittle kennen. Er bringt sie dazu, ihren Londoner „Cockney"-Dialekt abzulegen und wie eine feine Dame zu sprechen. Der Regisseur Alfred Hitchcock, dessen Vater Gemüsehändler in Covent

Garden war, drehte 1972 seinen vorletzten Film „Frenzy" in diesem kurz danach verschwundenen Milieu, dem er damit bewusst ein Denkmal setzte. Seit 1980 blüht Covent Garden wieder als quirliges Freizeitviertel – nun nicht mehr mit dubiosem Ruf. Die Gegend ist für Shopping und Gastronomie, die Piazza vor allem für Straßenmusikanten und Gaukler bekannt.

Unter den Säulen der Kirche St Paul's sehen Holmes und Watson eine junge Blumenverkäuferin. Sie trägt einen braunen Rock, eine verschmutzte Schürze und einen kleinen schwarzen Strohhut. Die Rosen in ihrem Korb sehen nicht mehr frisch aus.

Holmes

Guten Tag, junge Frau. Wir hätten gern ein Wort mit Ihnen gesprochen.

Eliza Doolittle

Ich habe nichts getan. Ich darf hier Blumen verkaufen. Das ist ganz legal.

Holmes *(überreicht ihr eine Münze)*

Ich habe Ihnen nichts vorgeworfen und möchte lediglich nach dem Mann fragen, der gestern Nachmittag aus einer Droschke stieg und mit Ihnen sprach. Um 16 Uhr ungefähr. Er ist groß und schlank, trägt einen schwarzen Bart.

Eliza Doolittle

Ein Geizkragen! Er kaufte nichts. Unfreundlich war er auch noch. Er suchte jemanden, den ich nicht kenne. Ich konnte ihm nicht helfen.

Holmes

Uns könnten Sie helfen, aber Sie wollen nicht. Vielleicht sollte ich mich erkundigen, woher Sie diese Rosen haben. Eine besondere Art, „Templerherz" heißt die Züchtung, ich erkenne sie an der blutroten Farbe, auch wenn die Blumen halb vertrocknet sind. Wenn ich mich nicht irre, werden sie im Temple Garden kultiviert, und sonst nirgendwo. Ob dort vor zwei Tagen jemand Rosen entwendet hat?

Eliza Doolittle

Ich bin ein ehrliches Mädchen! Glauben Sie mir, Sir, ich kenne den Mann wirklich nicht, der gestern hier war, und hab' ihm nichts erzählt. Er fragte nach Jim Barnes, den ich lange nicht mehr gesehen habe. Ich schickte ihn zum Apfelsinenstand drüben. Da hat Jim früher gearbeitet.

> Am Apfelsinenstand steht eine junge Kundin. Sie hat ein hübsches, freches Gesicht und trägt am angewinkelten Arm einen Korb voller Orangen. Sie grinst Sherlock Holmes an und zwinkert Watson frech zu.

Junge Frau

Zwei zahlungskräftig und gut aussehende Herren! Wie angenehm. Ich weiß, wen Sie suchen und wo sie ihn finden. Ich sage es Ihnen auch gerne. Aber leisten Sie mir zuerst Gesellschaft. Ich möchte ein wenig spazieren.

Watson

Mit wem haben wir die Ehre, eine Runde um die Piazza zu drehen?

Junge Frau

Sie werden schon drauf kommen. Ich habe einen gewissen Ruf, auch nach 200 Jahren. Zu Lebzeiten stand ich auf der Bühne. Die St Paul's-Kirche kennen Sie? Man nennt sie die Schauspielerkirche. Dahin gehen wir.

Der Graf von Bedford soll seinem Architekt Inigo Jones den Auftrag erteilt haben, die St Paul's Church kostensparend als „eine Art Scheune" zu errichten. Jones antwortete, „ich werde Ihnen die großartigste Scheune in Europa bauen," und hielt sein Wort. St Paul's ist die Taufkirche des Malers William Turner und letzte Ruhestätte vieler Schauspieler. Andere ehren Gedenktafeln: Charlie Chaplin, Bühnenautor und -komponist Noel Coward, Boris Karloff, Margaret Rutherford und viele andere aus der Welt des Showbusiness.

Junge Frau

Als die schreckliche Pestepidemie 1665 ausbrach, wurde die erste, die daran starb, hier beerdigt. Wir hatten alle große Angst. Hier liegen einige Männer, die mein Charles mochte. Sir Peter Lely, sein Hofmaler, zum Beispiel. Er porträtierte am liebsten Herzoginnen, mich aber auch.

Sherlock Holmes

Charles II nennen Sie „mein Charles"? Dann...

Junge Frau

Ja, Mr. Holmes, Sie haben es erraten. Ich bin Nell Gwyn, königliche Mätresse, zu Diensten. Seien Sie nicht schockiert, Dr. Watson, die Sitten waren zu meiner Zeit anders. Charles hatte natürlich zahllose Frauen, das wusste jeder und es war ihm egal, wer's wusste. Als Oliver Cromwell und die Puritaner regierten, war kein Spaß erlaubt, die Theater blieben geschlossen. Dann hatten wir wieder einen König, und goldene Zeiten brachen an. Spendable Kundschaft kam hierhin. Ich bin in dieser Gegend aufgewachsen – bettelarm, aber nicht auf den Kopf gefallen. Ich wusste, wie ich in den Theatern Geld verdienen konnte.

Watson

Sie haben Apfelsinen verkauft. So steht es zumindest in den Geschichtsbüchern. Das klingt nicht sehr einträglich.

Nell Gwyn

Es ging nicht wirklich um die Apfelsinen. Die Kavaliere, die sie mir im Theater abkauften, hatten Botschaften und Briefe für die Schauspielerinnen. Ich vermittelte. Die Herren waren dankbar und zeigten sich erkenntlich. Ich wusste, Männer um den kleinen Finger zu wickeln, und bekam meine Chance, selber auf der Bühne zu stehen. Kommen Sie mit, ich zeige Ihnen wo.

> Sie verlassen die Kirche, gehen an den Markthallen und dem Royal Opera House vorbei in die Russell Street.

Holmes

Opernsängerin waren Sie aber nicht.

Nell Gwyn

Singen konnte ich schon. Tanzen auch. Hier aber nicht. Der König hat zwei

Theatertruppen lizenziert. Unsere Rivalen, die Duke's Company, spielten in Covent Garden; wir, die King's Company drüben in der Drury Lane.

Watson

Die King's Company? So kamen sie in die Gunst des Königs?

Nell Gwyn

Ich war eine der ersten Frauen, die auftreten durfte. Vorher spielten Knaben die weiblichen Rollen. Als es endlich hübsche Mädchen zu sehen gab, war das Publikum heiß darauf. Die Theatermanager sorgten dafür, dass wir unsere Reize zeigten. Es gab viele Liebesszenen. Und könnten die feinen Damen, die Sie heute kennen, Mr. Watson, unsere Wortgefechte hören, dann würden sie erröten. Die zotigen Witze waren sehr nach Charles' Geschmack. Er kam oft ins Theater. Ich fiel auf. Ich sah nicht nur gut aus, ich konnte improvisieren, und die Autoren hatten nichts dagegen. Alle lobten meine Schlagfertigkeit – ja, ich, das Mädchen aus der Gosse, gewann den Respekt gebildeter Männer.

Nach wenigen Schritten geradeaus erreichen sie an der Ecke Russell Street/ Catherine Street den Säulengang des Theatre Royal.

Das 1812 errichtete Theater ist das vierte an dieser Stelle. Im ersten Bau spielte Nell Gwyn ab 1664, aber bereits 1672 fiel es einem Brand zu Opfer. Im zweiten Bau, der von Sir Christopher Wren entworfen und in Anwesenheit von König Charles II eröffnet wurde, wurde Theatergeschichte geschrieben. Zu den Managern hier gehörten der große Schauspieler David Garrick und

der Bühnenautor Richard Brinsley Sheridan. Das Publikum hörte hier zum ersten Mal die britische Nationalhymne. Das dritte Bauwerk (1791) war groß und modern. Es wurde als erstes gegen Feuer geschütztes Theater der Welt angepriesen, und brannte nach wenigen Jahren ab. Auch der vierte Theaterbau – heutiger Besitzer: Andrew Lloyd Webber – hat viele Sternstunden erlebt, z.B. die Premiere von „My Fair Lady", das über 2.000 mal aufgeführt wurde. Die Besonderheiten des Hauses sind zwei königliche Logen und ein Gespenst, das durch die linke Wand in den Zuschauerraum hineingleitet.

Nell Gwyn

Hier verlasse ich Sie, meine Herren. Den hageren Mann, der gestern am Obststand nach Jim Barnes fragte, kenne ich nicht. Den Jim schon. Klein und breit, rote Haare. Er hat früher am Markt gearbeitet, aber er verdient sein Geld lieber nicht auf ehrliche Art und Weise. Wenn Sie ihn suchen, gehen Sie zur Taverne Cheshire Cheese in der Fleet Street.

Sie verschwindet durch die Außenmauer des Theaters. Holmes und Watson erreichen über die Catherine Street die Straße Aldwych, die sie in einem Bogen zu The Strand führt. Dort gehen sie ein kurzes Stück nach rechts.

9. Prominenz und Skandal
(Savoy Hotel)

Denn es gibt nur eines, das schlimmer ist, als dass über einen geredet wird, nämlich, dass nicht über einen geredet wird.
(Aus DAS BILDNIS DES DORIAN GRAY, Oscar Wilde)

Das Savoy Hotel öffnete 1889 als Londons erste Luxusherberge seine Pforten. In der Küche regierte der legendäre Koch Auguste Escoffier. Seit diesen Tagen logierten und feierten die Reichen und Berühmten der Welt im Savoy. Zahllose Geschichten werden über das Haus erzählt. 1905 ließ der amerikanische Millionär George A. Kessler für eine Feier mit dem Thema „Venedig" das Thames Foyer 1,5 Meter tief mit Wasser fluten und das Dinner in einer Gondel servieren. In der Jazz-Ära machten die Einrichtung im Art Déco-Stil und unübertroffene Cocktails das Hotel zum Society-Treff: 1925 spielte George Gershwin die Weltpremiere seiner „Rhapsody in Blue" im Savoy. Zu den Gästen zählten Errol Flynn und Katharine Hepburn, Josephine Baker und Coco Chanel. Auch der Kriegsausbruch tat dem Ruhm des Hauses keinen Abbruch, denn Winston Churchill kam häufig mit seinem Kabinett zum Mittagessen dorthin. Im Savoy Hotel zeigten sich Prinzessin Elizabeth, die spätere Queen, und ihr zukünftiger Mann Philip zum ersten Mal gemeinsam in der Öffentlichkeit.

Die Wünsche prominenter Stammgäste wurden auf Karteikarten notiert, die noch erhalten sind. Für Marlene Dietrich musste es sofort nach der Ankunft ein Dutzend pinkfarbene Rosen und eine Flasche Dom Perignon-Champagner geben. Weitere Kärtchen hielten die Vorlieben von Sophia Loren, Marilyn Monroe und Louis Armstrong fest. Der Schauspieler Richard Harris – sein

Kärtchen schrieb die exakte Temperatur des Haferbreis vor – wohnte während seiner letzten Lebensjahre im Hotel. Als er erkrankte und hinausgetragen wurde, fand er noch die Kraft, sich aufzurichten und den Gästen im Speisesaal zuzurufen: „Es war das Essen".

Der Name des Hotels stammt aus dem 13. Jahrhundert. König Henry III schenkte dem Onkel seiner Königin, Peter von Savoyen, ein Grundstück zwischen The Strand und der Themse, wo Peter einen Palast baute. Die kurze Stichstraße zum Hoteleingang, Savoy Court, ist aus unbekannten Gründen die einzige Straße des Vereinigten Königreichs mit Rechtsverkehr.

In den 1930er Jahren lieferte die Nähe zur Themse Anlass zu einem der merkwürdigsten Ereignisse der Hotelgeschichte. Zwei Gäste, begeisterte Angler, stritten über die Frage, ob es möglich wäre, vom Hoteldach eine Lachsrute in den Fluss auszuwerfen. Unter der Bedingung, dass man ihn an einen Kamin auf dem Dach festband, erklärte sich ein Fachmann für Fliegenfischen bereit, den Versuch zu wagen. Früh an einem Sonntagmorgen hielt ein Polizist an der Uferstraße den Verkehr auf, und der Wurf gelang. Später ging einmal der Geigenvirtuose Jascha Heifetz auf das Hoteldach: Er wollte ungestört Dudelsackunterricht nehmen.

Wer im Savoy Hotel übernachten möchte, muss viel Geld mitbringen. Die Alternative: Man bewundert das Art Déco-Interieur bei einem Cocktail. Die Preise der Drinks sind atemberaubend, aber immerhin eine Größenordnung kleiner als die der Gästezimmer.

Holmes und Watson überqueren The Strand zum Savoy Court und stehen vor dem Hotel.

Holmes

Der Premierminister meint, wichtige Bauwerke sind in Gefahr. Aber vielleicht haben wir es mit einer Bedrohung von Personen zu tun? Aus dem Schreiben ging es nicht hervor. Keine Staatsgäste von hohem Rang halten sich in der Stadt auf, aber wenn sich königliche Hoheiten privat in London befinden? Dann am ehesten im Savoy Hotel. Ich konnte dem Hotelmanager, Herrn Ritz, im kuriosen Fall der Fürstin von F. Unannehmlichkeiten ersparen. Er wird uns bereitwillig helfen.

> Der Portier erkennt den großen Detektiv und lupft seinen Zylinder.
> Am Empfang meldet Holmes, dass er mit César Ritz zu sprechen wünscht.

César Ritz

Mr. Holmes, Dr. Watson, ich begrüße Sie in unserem Haus. Was kann ich für Sie tun?

Holmes

Wir haben Hinweise, dass die Sicherheit wichtiger Personen gefährdet sein könnte. Sind königliche Hoheiten oder andere Personen mit staatstragenden Funktionen heute unter den Gästen?

Ritz

Gestern Abend dinierte der Prinz von Wales hier, aber er übernachtet selten bei uns. Die Schauspielerin Sarah Bernhardt hat zur Zeit eine Suite. Mitglieder des Hochadels sind ständig im Restaurant zu finden – Monsieur Escoffier ist bekanntlich der weltbeste Koch, und so ist es üblich geworden, dass Menschen aus den besten Kreisen hier verkehren – Herzoginnen, zum Beispiel, die vor einigen Jahren nie in öffentlichen Räumen gespeist hätten. Wir treffen natürlich diskrete Sicherheitsmaßnahmen, damit sich alle wohl fühlen.

Holmes

Wohnen Staatsoberhäupter oder andere, deren Sicherheit Bedeutung für das Empire hat, momentan im Hause?

Ritz

Ausnahmsweise nicht.

Watson

Bitte verzeihen Sie die Frage: Von der Qualität Ihrer Küche abgesehen, welche Vorzüge sind es, die so prominente Gäste bei Ihnen schätzen?

Ritz

Der Hotelbesitzer, Mr. D'Oyly Carte, war oft in Amerika, wo die modernen Hotels ihn beeindruckten. Er beschloss, ein Haus in London mit allen Annehmlichkeiten zu bauen. Das war überfällig. Vielleicht erinnern Sie sich, welche Sensation die Eröffnung unseres Hotels war. Das erste Hotel Londons mit elektrischer Beleuchtung, ein eigenes Badezimmer mit fließendem heißem Wasser für die überwiegende Zahl der Gästezimmer – das verschafft uns immer noch eine Ausnahmestellung. Wir haben elektrisch betriebene Personenaufzüge und können somit einer feinen Klientel Zimmer in den oberen Etagen mit Ausblick anbieten.

Watson

Von den „aufsteigenden Kammern" habe ich gehört. Sie sind auch sicher, und für die Beförderung von Damen geeignet?

Ritz

Kommen Sie mit, ich zeige Ihnen den Aufzug und den Blick auf die Themse.

Er fährt mit Holmes und Watson in das oberste Stockwerk und öffnet die Tür zu einem großen Zimmer.

Ritz

Schauen Sie, meine Herren, auf dieses Panorama. Ein französischer Maler residierte mehrere Wochen bei uns. Claude Monet ist sein Name. An diesem Fenster malte er den Fluss mit der Waterloo Bridge, und auch noch den Blick nach rechts zur Eisenbahnbrücke.

Holmes *(holt seine Lupe aus der Tasche)*

Die Gardinen verraten eine Vorliebe für Sonnenuntergänge. Aber Gäste ohne Lupe werden sich an seinen Farbspritzern kaum stören.

César Ritz führt Holmes und Watson zurück zum Erdgeschoss.

Ritz

Haben Sie Hunger, Mr. Holmes? Auguste hat für die Opernsängerin Nellie Melba einen neuen Nachtisch aus Vanilleeis, Pfirsich und Himbeerpüree erfunden:

„Pfirsich Melba". Mrs. Melba sang in Covent Garden in „Lohengrin" und war sehr angetan, als er ihr diese Création in einem Schwan aus Eis kredenzte.

Holmes

Vielen Dank, wir müssen unsere Untersuchungen an anderer Stelle fortsetzen. Bevor wir gehen, bitte ich um Verzeihung, wenn ich eine etwas heikle Frage stelle. Es gab diesen unangenehmen Skandal um Mr. Oscar Wilde und Lord Alfred Douglas. In den Zeitungen war von einer Verbindung zu Ihrem Hotel zu lesen. Haben Sie in diesem Zusammenhang irgendwelche Drohungen erhalten?

Watson

Holmes! Sie reden von dem verdorbenen Schriftsteller, der letzten Monat eine Gefängnisstrafe wegen Unzucht erhielt. Eine höchst unanständige Sache!

Ritz *(flüstert)*

Es stimmt, dass Oscar Wilde und der junge Lord oft unsere Gäste waren. Ich hatte nicht den geringsten Verdacht, dass das, was ihm vorgeworfen wurde, unter unserem Dach... na ja, Sie verstehen mein Problem. Bedienstete des Hotels waren Zeugen im Prozess gegen ihn – dafür haben wir gesorgt und möchten zeigen, dass unser Haus mit unmoralischen Handlungen nichts zu tun haben möchte.

Nein, Drohungen gab es nicht. Ich wäre Ihnen verbunden, Mr. Holmes, wenn davon nicht mehr gesprochen würde. Ich bringe Sie zum Ausgang.

10. Ein Dichter und ein Ritter
(The Temple)

Es gibt schlechtere Orte als den Temple, wenn man sich an einem schwülen Tag in der Sonne aalen oder sich müßig im Schatten ausruhen will. Seine Höfe wirken immer noch verschlafen, und seine Bäume und Gärten strahlen eine verträumte Entrücktheit aus. Wer über seine Gassen und Plätze geht, kann noch das Echo seiner Schritte auf den widerhallenden Steinen hören und, wenn er aus dem Trubel des Strand und der Fleet Street kommt, kann er an seinen Toren lesen: ‚Wer hier eintritt, lässt den Lärm hinter sich.‘ Immer noch hört man das Plätschern des fallenden Wassers im hübschen Brunnenhof...
(Aus BARNABY RUDGE, Charles Dickens)

Der Middle Temple und der Inner Temple sind zwei der vier Inns of Court. Diese Körperschaften entstanden im 14. Jahrhundert als eine Art Universität für angehende Juristen. Dort, wo Jurastudenten wohnten und lernten, wo Rechtsanwälte ihre Arbeits- und Wohnräume hatten, ist ein Wirrwarr von Gassen und Höfen, eine Ruhezone mitten in der Großstadt entstanden. Um die Zulassung als „Barrister" zu erhalten, d.h. um Plädoyers vor höheren Gerichten halten zu dürfen, müssen bis heute Studenten Mitglied eines Inns werden und dort dreimal pro Semester in der Aula speisen. Zahlreiche Anwaltskanzleien nutzen das Gelände. Östlich der Middle Temple Lane liegen die mit dem geflügelten Pferd Pegasus bezeichneten Gebäude des Inner Temple, westlich die Höfe des Middle Temple, dessen Zeichen das Lamm mit Standarte ist.

Der Temple-Bezirk ist an Wochentagen tagsüber und sonntags eingeschränkt für Besucher geöffnet. Für die wechselnden Öffnungszeiten der Kirche siehe www.templechurch.com.

Holmes und Watson setzen ihren Weg entlang The Strand in Richtung Osten fort. Vorbei an den Kirchen St Mary-le-Strand und St Clement Dane erreichen sie die Stelle, wo bis 1878 das „Temple Bar" genannte Stadttor die Grenze zwischen Westminster und der City of London markierte. Daran erinnert heute ein Denkmal in der Straßenmitte mit einem hohen verzierten Sockel, auf dem ein drachenähnliches Tier, ein Greif, prangt. Früher wurden die Köpfe von Rebellen auf dem Tor aufgespießt. Auf der linken Seite, burgähnlich im neugotischen Stil, stehen Gerichtsgebäude, die Royal Courts of Justice. Wenige Schritte hinter Temple Bar befindet sich rechts ein in Stein gefasster Eingang mit zwei schwarzen Torflügeln, darüber das Jahresdatum 1684. Holmes und Watson gehen durch den Seiteneingang in die enge Gasse mit dem Namen Middle Temple Lane.

Watson

Was glauben Sie, Holmes, warum unser geheimnisvoller Droschkenpassagier zum Temple wollte? Kann er hier die Interessen des Landes bedrohen?

Holmes

Seit 600 Jahren ist der Temple das Viertel der Juristen. Unsere größten Rechtsgelehrten haben hier gewirkt. John Hampden, der die Rechte des Parlaments gegen Charles I verteidigt hat. Oder Sir William Blackstone, dessen Werke eine tragende Säule unseres Rechtssystems und eine Grundlage der amerikanischen Verfassung sind. Ein Anschlag auf den Temple wäre ein Angriff auf Recht und Freiheit. Außerdem befinden sich hier historische Denkmäler ersten Ranges, die Middle Temple Hall und die Temple Church.

Watson

Was Sie nicht alles wissen, Holmes! Sie werden mir sicher auch sagen können, warum diese Gegend The Temple heißt.

Holmes

Selbstverständlich. Das Gelände gehörte den Tempelrittern. Sie hatten ihre Klostergebäude hier. Nach der Auflösung des Ordens etablierten die Juristen ihre Schulen und Gesellschaften.

> Von der Middle Temple Lane gehen Holmes und Watson nach rechts in den Fountain Court und stehen vor der Middle Temple Hall. Dort sehen sie einen Mann mittleren Alters mit einer Halbglatze, zurückgekämmten glatten Haaren und einem breiten, dünnen Oberlippenbart. Das Auffälligste an ihm sind seine gelben Strümpfe.

Watson

Großer Gott, Holmes! Ich traue meinen Augen nicht. Der Mann drüben sieht genau aus wie das Bildnis von Shakespeare.

Holmes

Niemand anderen habe ich an dieser Stelle erwartet. Ich hoffe, er wird sich ausnahmsweise kurz fassen. Für lange Monologe fehlt uns heute die Zeit.

William Shakespeare

Ich grüße den berühmten Detektiv und seinen illustren Chronist!

» Einige werden groß geboren
Andere arbeiten sich zu Größe empor.
Und andern wird sie zugeworfen. «
Auch mir flog der Ruhm nicht zu. Sie erkennen die Zeilen aus „Was ihr wollt"?
Das Stück hatte hier Uraufführung am Fest Mariä Lichtmess im Jahre 1602.
Diese Halle ist also der Schauplatz eines meiner größten Erfolge.

Watson

Hier ist aber kein Theater, sondern das Quartier der Rechtsgelehrten.

Shakespeare

Es gab häufig Unterhaltungen in der Middle Temple Hall. Vor allem in den
närrischen Wochen nach Weihnachten – damals herrschte hier bis Mariä
Lichtmess der Prinz der Liebe. Die jungen Juristen waren mit der Feder versiert,
schrieben selbst Gedichte und dergleichen. Die Festlichkeiten im Temple waren
berühmt. Es ging laut und lustig zu. Der Saal war voll, die Zuschauer auch.
Die Herrschaften wollten lachen und spotten. Zotige Witze waren ausdrücklich
erwünscht, dabei musste ich als Autor beweisen, dass ich belesen und klug bin.
Sie wissen ja – man schreibt Anspielungen, die nur gut unterrichtete Zuhörer
verstehen. Alle sind geschmeichelt und brüllen noch lauter. Aber wenn das Stück
nicht gut ankam, waren wir Spieler nicht zu beneiden. Da flogen Bierkrüge und
Hühnerbeine, manchmal noch viel schlimmere Sachen.

Holmes

So interessant Ihre Ausführungen über das Theater sind, Herr Shakespeare,
wir sind gekommen, weil wir dieses Bauwerk in Augenschein nehmen müssen.

Shakespeare *(führt sie in die Aula hinein)*

Dann kommen Sie mit und erleben Sie die Szene meines Triumphs! Schauen Sie auf die wunderschöne doppelte Stichbalkendecke. Was für eine herrliche Kulisse! Sehen Sie diesen Tisch? Dort werden neue Mitglieder des Middle Temple vereidigt. Das Holz stammt von der Abdeckung der vorderen Luke der „Golden Hinde", Sir Francis Drakes Schiff. Er trank und speiste oft in dieser Halle, der alte Freibeuter. Die Juristen feierten ihn im Jahre 1586, als er aus Westindien mit spanischer Beute zurückkehrte.

Watson

Und der mächtige Tisch drüben ist sicher für die hohen Amtsträger des Middle Temple?

Shakespeare

Richtig. Aus drei Brettern gezimmert, jedes Brett 29 Fuß lang. Dafür spendete Königin Elizabeth das Holz – eine Eiche aus dem Forst von Windsor – das auf der Themse fast bis vor die Tür hierher verschifft wurde.

Was ich aber erzählen wollte: Bei der Uraufführung von „Was ihr wollt" spielte ich Malvolio, eine meiner gelungensten komischen Rollen. Mit den gelben Strümpfen...

Holmes

Vielen Dank für diese Auskünfte, Herr Shakespeare, aber ich fürchte, wir müssen jetzt ...

Shakespeare *(unterbricht ihn)*

Und noch etwas. Wussten Sie, dass ich eine Szene aus „Henry VI" in den Garten des Inner Temple verlegt habe? Es ging um den Anfang der Rosenkriege. Richard Plantagenet bittet alle, die ihn unterstützen, eine weiße Rose zu pflücken. Der Graf von Somerset seinerseits pflückt eine rote Rose, und schon stehen die Symbole der Parteien fest. Der Garten im Temple ist für seine Rosen berühmt.

Holmes *(verneigt sich vor dem Dichter)*

Der Inner Temple ist unser nächstes Ziel. Wir werden nicht versäumen, den Garten zu besuchen. Wir sind Ihnen sehr verbunden.

Er schreitet rasch aus der Middle Temple Hall. Watson eilt hinterher. Sie gehen ein kurzes Stück zurück über die Middle Temple Lane und biegen nach rechts in den Pump Court ein. Diesen Hof durchqueren sie und stehen vor einer Kirche auf dem Gebiet des Inner Temple.

Zu den ehemaligen Mitgliedern des Inner Temple zählen so unterschiedliche Personen wie der Dichter Geoffrey Chaucer, die führenden Verfechter der Unabhängigkeit Indiens Gandhi und Nehru, und der deutsche Widerständler Graf Helmuth James von Moltke, der nach Stauffenbergs Attentat auf Hitler vor Gericht gestellt und 1945 hingerichtet wurde.

Um das Jahr 1160 gründete der Templerorden ein Kloster am nördlichen Themseufer und baute nach dem Vorbild der Grabeskirche in Jerusalem die runde Kirche, die heute noch steht und Gräber mit Ritterfiguren birgt. Ab 1235 kam der rechteckige Kirchenchor im Osten hinzu. Das Ensemble überlebte die Auflösung des Ordens im Jahr 1312 und diente als Gotteshaus der Juristenkörperschaft. Der erste Priester der Kirche heißt bis heute „Master of the Temple" in Anlehnung an den Titel des Oberhaupts des ehemaligen Klosters. Die Temple Church wurde nach schwerer Zerstörung durch Brandbomben in der Nacht vom 10. Mai 1941 restauriert. Südlich, zur Themse hin, erstreckt sich der historische Garten mit Rasen und Rosenbeeten. Die Häuser östlich davon im King's Bench Walk stammen noch aus dem 17. Jahrhundert.

Als Holmes und Watson die runde Kirche betreten, stellt sich ihnen ein hochgewachsener Ritter in den Weg. Über seiner Rüstung trägt er eine weiße Tunika mit einem roten Kreuz.

Holmes

Mit wem haben wir die Ehre zu sprechen?

Ritter

Ich bin William Marshal, erster Graf von Pembroke und Regent von England. Wenn Sie Gutes im Schilde führen, sind Sie hier willkommen. Sonst nehmen Sie sich in Acht!

Holmes

Wir haben Sorge, dass jemand diese Kirche beschädigen möchte. Deshalb sind wir kommen.

William Marshal

Völlig unnötig – ich beschütze die Tempelkirche. Hier sehen Sie mein Grab, dort liegt mein ältester, drüben mein dritter Sohn. Mein Ruf dürfte Ihnen bekannt sein. Ich war der tapferste Ritter meiner Zeit, der einzige, der jemals Richard Löwenherz aus dem Sattel gestoßen hat. Als junger Mann verdiente ich mein Geld in Turnieren in Frankreich. Es waren richtige Schlachten – es gab Tote und Verletzte, wir nahmen Gefangene und erhielten Lösegeld. Mir übertrug der alte König die Aufgabe zu verhindern, dass der junge Prinz Henry in die Hände seiner Feinde fiel – welcher eine einträgliche Beute gewesen wäre...

Holmes

Hatten Tempelritter den Auftrag, an Turnieren teilzunehmen?

William Marshal

Natürlich nicht! Erst viel später ging ich als Pilger nach Jerusalem und schwor dort, in den Templerorden einzutreten. Das Gelübde hielt ich – als ich im Sterben lag, wurde ich aufgenommen.

Watson

Auf dem Grab ruht ihr Bein auf der Figur eines Hundes. War das ihr Lieblingshund?

William Marshal

Der Hund steht für Treue. Kirche und Krone blieb ich immer treu, und keiner genoss so hohes Ansehen wie ich. Hier im Tempel-Bezirk vermittelte ich zwischen König John und den Baronen. Der König bestätigte die Rechte, die in der Magna Carta festgehalten sind. Als John starb, war ich Regent für seinen minderjährigen Sohn Henry III und besiegte dessen Gegner in der Schlacht von Lincoln – ja, mit 70 Jahren zog ich noch in den Kampf.

Watson

Und seit fast 700 Jahren schützen Sie diese Kirche?

William Marshal

Egal, was kommt – und 100 Jahre nach meinem Tod kam eine schlimme Zeit. Der König von Frankreich bezichtigte den Orden, alle möglichen Untaten begangen zu haben. Es ging ihm aber nur um Geld – der Orden hatte große Ländereien und machte Bankgeschäfte. Er zwang den Papst, den Orden aufzulösen. Unser Besitz hier kam nachher in die Hände der Juristen.
Wir Tempelritter waren aufrichtige Diener Gottes. Wir sorgten selber für Ordnung, wenn einer unter uns unehrlich war. Schauen Sie!

Er zeigt auf zwei schmale Fenster in Höhe der ersten Etage auf der Nordseite zwischen der Runde und dem Kirchenchor.

William Marshal

Oben ist die Strafzelle. Sie ist nur viereinhalb Fuß lang, so dass kein Gefangener sich hinlegen konnte. Als der Präzeptor des Ordens in Irland Gelder veruntreute, sperrten wir ihn ein, bis er nach acht Wochen verhungerte. Ich wäre gerne mit dem schwarz gekleideten Mann genau so verfahren, der sich gestern in der Kirche herumtrieb und wohl ein Versteck suchte. Er flüchtete vor mir und ließ das hier fallen. Vielleicht wissen Sie, was es ist. Nehmen Sie es – Sie scheinen mir vertrauenswürdig zu sein.

Er überreicht Holmes einen schwarz lackierten Füllfederhalter.

Holmes
Tausend Dank! Das wird uns helfen, die Spur aufzunehmen.

11. Eine urige Literatenkneipe (Ye Olde Cheshire Cheese)

Einen überdachten Gang hinauf, in eine Taverne hinein... wo Charles Darnay mit guter, einfacher Kost und gutem Wein bald wieder zu Kräften kam.
(Aus EINE GESCHICHTE AUS ZWEI STÄDTEN, Charles Dickens)

Von der Temple Church kehren Holmes und Watson zur Fleet Street zurück und gehen rechts in Richtung Osten. Nach ca. 300 m überqueren sie die Whitefriars Street. Nr. 145 Fleet Street auf der gegenüberliegenden Straßenseite ist ein unscheinbares Haus aus braunem Backstein. Davor hängt ein Kneipenschild: Ye Olde Cheshire Cheese.

An dieser Stelle stand bereits im 16. Jahrhundert eine Kneipe. Der Pub in seiner heutigen Form wurde 1667, ein Jahr nach dem großen Stadtbrand, gebaut, doch die Keller sind älter und gehörten vermutlich zu einem Karmeliterkloster, das im 13. Jahrhundert hier gegründet wurde. Der Name bezieht sich auf die vor 200 Jahren beliebteste Käsesorte des Landes. Cheshire Cheese, heute krümelig und frisch im Geschmack, war damals etwas härter, da er so lange reifen musste, bis er die Reise auf dem Seeweg von der Grafschaft Cheshire im Nordwesten des Landes nach London überstehen konnte. Früher gehörte das haltbare Nahrungsmittel zu den Vorräten aller Schiffe der königlichen Marine.

Holmes und Watson überqueren die Fleet Street und gehen in den Wine Office Court, eine enge Gasse neben dem Haus. Hier befindet sich der Eingang zur Kneipe. Sie gehen hinein, schauen kurz nach links in den Speiseraum und finden rechter Hand die Stube mit Bierausschank. Wände und Decke sind mit dunklem Holz verkleidet. Es gibt einige einfache Tische und einen Kamin, aber an diesem warmen Tag brennt kein Feuer.

Der einzige Gast in der Stube sitzt an einem Tisch in der Ecke. Der Mann trägt einen dreiteiligen Tweed-Anzug, ist vielleicht Ende 30, hat kurze dunkle Haare und einen üppigen Schnauzbart mit Spitzen. Er kaut an einem Füller und runzelt die Stirn. Auch im schwachen Kerzenschein fällt auf, dass das Blatt vor ihm zahlreiche Tintenkleckse, durchgestrichene Passagen und eingefügte Änderungen aufweist. Er ist in seine Arbeit vertieft und schaut nicht auf.

Holmes stellt sich vor den Gast, wirft einen Blick auf das Blatt und spricht den Mann an.

Holmes

Dr. Conan Doyle, guten Abend. Ist das ein neuer historischer Roman?

Conan Doyle

Oh, Holmes! Aaaaah… Sie habe ich hier nicht erwartet. Und Dr. Watson. Guten Abend. Äähm…

Der berühmte Autor deckt einen Teil seines Manuskripts mit dem Ärmel ab.

Holmes

Es ist äußerst schwierig, Tinte von Tweed-Stoff zu entfernen – eine Tatsache, die mir mehr als einmal bei der Lösung eines Falls genutzt hat. Aber es besteht kein Grund zur Verlegenheit. Ich verstehe es vollkommen, wenn Sie eine Abwechslung zur Kriminalliteratur suchen.

Conan Doyle

In der Tat arbeite ich an einer Geschichte, die zur Zeit der Kriege gegen Napoleon stattfindet. Ich möchte meinen Ruf als Schriftsteller auf eine breitere Basis stellen.

Holmes

Ich vermute, dass Sie sich von den literarischen Assoziationen dieser Taverne Inspiration erhoffen. Wenn diese ausbleiben sollte, hat Dr. Watson die Erlaubnis, Sie jederzeit über meine neuen Ermittlungen in Kenntnis zu setzen – sobald diese abgeschlossen und für eine Veröffentlichung reif sind, versteht sich.

Watson

Wenn ich es mal unter Medizinern ansprechen darf: Diese flackernde Kerze erzeugt ein zu schwaches Licht, um dabei zu Schreiben. Sie sind ja selber Augenarzt...

Conan Doyle

Meine Praxisgründung war leider nicht von Erfolg gekrönt. Aber ja, Sie haben sicher recht. Der Wirt geizt mit Kerzen und Lampen. Trotzdem – an dem Ort, an dem Dr. Johnson, Charles Dickens und Lord Tennyson verkehrten, fühlt man sich als Schreiberling wohl. Außerdem sind die Lammkoteletts sehr zu empfehlen.

Holmes

Darf ich zu den Memoiren gratulieren, die Sie letztes Jahr über meine Fälle veröffentlichten? Sie sind ein gewissenhafter Chronist, und der Erfolg war durchaus verdient. Es kam mir gelegen, dass die letzte Geschichte mit meinem angeblichen Tod endete. So konnte ich eine Weile im Verborgenen arbeiten.

Conan Doyle

Viele Leser waren enttäuscht bei der Vorstellung, dass ich keine weiteren Folgen über Sie schreiben würde.

Holmes

Wären aufrichtige Anteilnahme und Trauer über meinen Tod nicht angemessener gewesen als Enttäuschung? Ich bin schließlich kein fiktiver Charakter. Aber gut! Es hat sich mittlerweile herumgesprochen, dass ich doch lebe. Sie können also den wahren Sachverhalt schreiben, wenn Ihre Bemühungen mit dem historischen Roman beendet sind. Übrigens, mir fällt in Ihrem Text etwas auf – Sie wissen ja, ich kann auch eine krakelige Schrift aus jeder Richtung lesen. Sie schreiben, dass Lord Nelson das rechte Auge fehlte. So war es nicht. Er behielt das Auge, verlor aber sein Sehvermögen rechts. Hätten Sie ihm helfen können?

Verwirrt blickt Doyle auf sein Manuskript, schüttelt den Kopf über seinen Detektiv und vertieft sich wieder in seine Geschichte.

Holmes

Wir werden uns hier umschauen. Auf Wiedersehen!

Ye Olde Cheshire Cheese hat tatsächlich beste Referenzen in der Welt der Literatur. Der Verfasser des ersten Wörterbuches der englischen Sprache,

Dr. Samuel Johnson, wohnte in einem benachbarten Hof – sein Stuhl wird im Pub gezeigt. Im 19. Jahrhundert waren Charles Dickens, Mark Twain, der Hofdichter Lord Tennyson – und später Arthur Conan Doyle – oft hier zu Gast. Dickens erwähnt die Kneipe – allerdings nicht namentlich – im Roman „Eine Geschichte aus zwei Städten", als der des Hochverrats angeklagte Charles Darnay nach seinem Freispruch dorthin geführt wird.

Holmes *(geht zum Tresen und spricht den Wirt an)*
Wir suchen einen rothaarigen Mann namens Jim Barnes. Ist er hier?

Wirt *(stupst einen Jungen an und wirft einen Blick in den Flur)*
Jim hat Arbeit gefunden, seitdem sehe ich ihn nicht mehr so oft. Wenn er auftaucht, sage ich, dass zwei Herren ihn suchen. Sind Sie von der Polizei?

Der Junge hat den Schankraum verlassen. Holmes sieht, dass er vom Flur aus die Stufen zum Keller hinunter rennt. Auf der steilen, engen Treppe muss der schlaksige Detektiv den Kopf einziehen und kann nicht schnell folgen. Unten findet er einen spärlich beleuchteten Raum mit Deckenbalken. Einige Männer in Arbeitskleidung blicken ihn an. In einer Ecke steht eine Holzbank mit hoher Rückenlehne. Der Tisch davor ist unbesetzt, der Bierkrug darauf aber voll. Von einem umgestürzten Kerzenständer tropft heißes Wachs auf den Tisch. Holmes eilt in einen zweiten Raum, wo eine Tür unter einem spitzen Bogen im Backsteingewölbe gerade von außen geschlossen wird. Er hört, wie jemand sie verriegelt, dann sich entfernende Fußtritte. Neben der Tür steht der Junge.

Holmes *(hält ihm eine Münze entgegen)*

Du weißt sicher, wo Jim Barnes arbeitet?

Junge

Im Maschinenraum der neuen Brücke. Er ist Heizer.

Holmes

Hat er sich gestern mit jemandem hier getroffen? Ein großer, schlanker Mann mit Hakennase und einem buschigen Bart.

Junge

Ja, so sah der Mann aus. Er hatte furchtbare, bohrende Augen.

Prüfend beißt der Junge auf die Münze, lächelt kurz, bevor er sich umdreht und eilig verschwindet.

Holmes *(zu Watson, der außer Atem angekommen ist)*

Barnes ist uns gerade entkommen, aber wir wissen jetzt, wo wir ihn finden. Ich werde nun diesen Füller untersuchen, den der Unbekannte in der Tempel-Kirche fallen ließ.

Er setzt sich, holt den Füller, ein Blatt Papier und eine Lupe aus seiner Jackentasche. Nachdem er einige Worte mit dem Füller geschrieben hat, begutachtet er Papier und Feder durch die Lupe.

Holmes

Auch in diesem schummrigen Licht ist der Fall klar. Mit dieser Feder und Tinte wurde der Brief an den Premierminister geschrieben. Von einem Rechtshänder mit langen Armen, wenn ich die Abnutzung der Feder richtig deute. Eine Bestätigung also, dass der dünne Unbekannte hinter dem Erpresserschreiben steckt.

Watson

Wir wissen, wo wir den rothaarigen Jim Barnes suchen müssen, und finden den Erpresser hoffentlich mit ihm zusammen. Dann bleibt uns Zeit, hier ein Lammkotelett zu verspeisen.

Holmes

Ganz recht, Watson. Es ist bereits 19 Uhr, und für das, was uns bevorsteht, sollten wir uns jetzt stärken. Unser Gegner mag unvorsichtig sein und hat nicht das Kaliber meines alten Widersachers Moriarty, aber in den nächsten Stunden begeben wir uns sicher in Gefahr.

12. Der Architekt und seine Kuppel
(St Paul's Cathedral)

Wenn du ein Denkmal suchst, schaue dich um.
(Epitaph in St. Paul's Cathedral für Sir Christopher Wren)

Die Fleet Street mündet in den Ludgate Circus, wo die Ludgate Street zu St Paul's Cathedral hinaufführt. Mit ihrer hohen Kuppel krönt die Kathedrale eine Erhebung, die seit 1400 Jahren Standort einer Kirche ist, und strahlt über dem Trubel der City of London eine souveräne Ruhe aus.

1666 zerstörte der große Stadtbrand die Vorgängerkirche Old St Paul's, die vierte an dieser Stelle. Christopher Wren erhielt den Auftrag, eine neue Kathedrale zu bauen. Nach 36 Jahren Bauzeit wurde sie im Jahr 1711 vollendet und hat heute den Status eines Nationalheiligtums. Hier feierte Königin Victoria 1897 ihr sechzigstes Thronjubiläum, heirateten 1981 Prinz Charles und Lady Diana Spencer. Die größten britischen Militärhelden der napoleonischen Kriege, Admiral Nelson und der Herzog von Wellington, wurden in der Krypta bestattet.

Während der schweren Bombenangriffe auf London in den Jahren 1940 bis 1941 wurde St Paul's zu einem Symbol. Als ein Großbrand drohte, diesen Stadtteil in Schutt und Asche zu verwandeln, gab Churchill den Befehl, um jeden Preis St Paul's zu retten, denn mitten in den Flammen und Rauchschwaden, von den Scheinwerferstrahlen des Luftschutzes umgeben, verkörperte die Kuppel den ungebrochenen Willen, Widerstand zu leisten.

Wer den Innenraum der Kathedrale kostenlos sehen will, besucht einen Gottesdienst. Im hohen Eintrittspreis ist allerdings die unbedingt empfehlenswerte Besteigung der Kuppel inbegriffen.

Watson und Holmes nähern sich der Statue der Königin Anne vor den Westtürmen der Kathedrale.

Watson

Hier hat der Droschkenfahrer den Verdächtigen zuletzt gesehen. Was meinen
Sie, Holmes, treffen wir wieder einen Geist aus alten Zeiten?

Holmes

Ich hoffe es. Ich würde mich gern mit dem Architekten unterhalten. Wren
war ein brillanter Kopf, Mathematiker und Professor der Astronomie. Sie kennen meine Prinzipien, Watson: mein Anspruch ist es, die schwierigsten Fälle
durch logische Schlussfolgerungen und wissenschaftliche Methoden zu lösen.
Wren war ein Mann der Wissenschaft, der über sein Studium der Physik an die
Architektur kam. Er konzipierte perfekte statische Lösungen, suchte grundle-
gende Antworten auf Probleme, die ihn interessierten – ganz nach meinem Geschmack! Und wenn mich nicht alles täuscht, steht er drüben.

Die Figur, auf die Holmes zeigt, trägt eine lange, braune Perücke, deren
üppige Locken bis auf seine Schultern herunterfallen. Er hat eine lange, spitze
Nase und einen fragenden Blick in seinen klaren Augen.

Wren

Ich habe Sie erwartet, meine Herren. Die Nachricht erreichte mich, dass Sie
die Kirche St Paul's, das Werk meines großen Vorgängers Inigo Jones, betrachtet haben. Jetzt können Sie sich an der Kathedrale St Paul's ein Urteil darüber

bilden, ob ich ihn übertroffen habe. Ja, Nell Gwyn hat mir alles erzählt. Sie und ich sind gute Freunde – wir dienten schließlich demselben König, Charles II, wenn auch in unterschiedlichen Ämtern.

Watson

· Stimmt es, dass Sie über 50 Londoner Kirchen entworfen haben? Man sagt auch, Sie hätten die City of London nach dem großen Brand neu geschaffen.

Wren

Ich hätte es gerne getan, man ließ mich nur nicht. Zwei Drittel der Fläche der City of London waren ein schwelendes Ruinenfeld. 13.000 Häuser und 87 Kirchen zerstört! Das war eine einmalige Chance, einen echten Neubeginn zu wagen und diese krumm gewachsene Stadt nach einem rationalen Schema neu zu errichten. Ich ergriff sie beim Schopf und präsentierte dem König schon neun Tage nach dem Ausbruch der Feuersbrunst meinen Plan – mit stattlichen Plätzen wie in Paris, mit breiten Blickachsen, mit Perspektiven auf edle Bauwerke wie in Rom. Eine großzügige, von Licht und Schönheit erfüllte Hauptstadt, die mit keiner anderen der Welt den Vergleich gescheut hätte.

Watson

Und was passierte?

Wren

Dass ich der Architekt von 50 Kirchen bin, stimmt ja. Aber der Gesamtplan? Das Krämervolk dieser Stadt hing an seinen alten Gründstücken, an den mickrigen Parzellen und verwinkelten Gassen. Alle wollten sofort ein neues Haus am selben Platz haben, um schnellstens wieder Geld zu verdienen. Ihnen fehlte die Geduld, etwas Besseres zu kreieren. Man versuchte sogar, die alte Kathedrale zu reparieren. Zum Glück war das nicht möglich.

Watson

Und dann planten Sie dieses Bauwerk!

Wren

So einfach war das nicht. Den ersten Entwurf lehnten die Domherren als „zu ausländisch" ab. Mein zweiter Entwurf hatte die Form eines griechischen Kreuzes, also ein Mittelteil mit Kuppel und vier gleich langen Armen. Auch das empfanden die Banausen als Verstoß gegen Tradition, und außerdem zu teuer. Die dritte Version war ein ziemlich fauler Kompromiss – das gebe ich selber zu. Eine Kombination aus Kuppel und Spitzturm, und ein lang gezogener Grundriss wie bei alten englischen Kathedralen. Mit dem Spitzturm und dem traditionellen Grundriss habe ich das Domkapitel ruhig gestellt, und König Charles gab mir die Erlaubnis, Änderungen vorzunehmen, wenn ich sie für notwendig hielt: ein Freibrief also, den ich voll ausnutzte, und hier sehen sie das Ergebnis – ohne Spitzturm.

Holmes

War die Finanzierung gesichert? König Charles hat bestimmt nicht selbst bezahlt. Jeder weiß, dass er ein extravaganter Lebemann war, immer in Geldnöten.

Wren

Es gab eine neue Steuer – nicht nur für St Paul's, sondern auch für die anderen Kirchen, die wir wieder aufbauen mussten. Ein Penny auf jeder Tonne Kohle, die an den Londoner Hafen geliefert wurde. Dann gab es einen Krach über die Kosten der Kathedrale, und die Steuer wurde verdoppelt. Nach 60 Jahren waren alle Kirchen fertig – aber was glauben Sie, Mr. Holmes, wann wurde die Steuer abgeschafft? Im Jahre 1889. Das heißt, bis vor sechs Jahren hatten auch Sie wegen dieser Kathedrale höhere Heizkosten. Aber kommen Sie hinein!

> **Der Architekt führt Holmes und Watson in die Kathedrale. Sie stehen unter der Kuppel.**

Wren

Ich hätte die Kuppel gern mit Mosaiken geschmückt, aber das war zu teuer und hätte zu lang gedauert. Der Maler Thornhill erhielt dann den Auftrag. Er malte Szenen aus dem Leben des Hl. Paulus – leider einfarbig, und sie sind ein wenig düster geraten. Was zu meinen Lebzeiten nicht geschah, wird jetzt von Ihren Zeitgenossen nachgeholt, Mr. Holmes. Diese Mosaiken zwischen den Arkaden unter der Kuppel sind ganz neu – und kommen Sie mit in den Chor. Sehen Sie, dass dort oben gearbeitet wird? Das Gewölbe wird mit Mosaiken geschmückt.

Trotz Widerständen, Ignoranz und Geldnot habe ich gekämpft, manchmal mit Erfolg. Ich suchte die besten Vertreter jedes Handwerks. Schauen Sie auf die wunderbaren Tore aus Schmiedeeisen: von Monsieur Jean Tijou. Und die Holzschnitzereien am Chorgestühl: von Grinling Gibbons, ein wahrer Meister!

Holmes

Erlauben Sie mir, nach der Kuppelkonstruktion zu fragen. Könnte man sie zum Einsturz bringen?

Wren

Schwerlich! Eine große Menge Sprengstoff wäre notwendig. Auf die Kuppel bin ich besonders stolz. Sie besteht aus drei Teilen. Von hier sehen Sie nur die Innenkuppel. Die äußere ist eine separate Konstruktion, und viel höher, damit von außen die Proportionen stimmen. Zwischen den beiden gibt es enorm viel Raum. Dort baute ich einen hohen Kegel, der die äußere Kuppel von innen stützt und das obersten Türmchen mit der Laterne, der vergoldeten Kugel und dem Kreuz trägt. Die Statik und die Ästhetik stimmen gleichermaßen.

Watson

Dafür verdienen Sie den Ruhm und das Lob, das Ihnen zuteil wird!

Wren

Vielen Dank – ich wurde aber mit Anfeindungen belohnt. Es gab eine Baukommission. Sie behielten die Hälfte meines Gehalts ein, bis die Kathedrale fertig war, weil es den Herren zu langsam ging. Als es so weit war – wir schrieben das Jahr 1711, ich war ein alter Mann – hatten sich die Zeiten geändert. Der alte König Charles war längst tot, sein Bruder König James ins Exil geflüchtet. Königin Anne, die letzte aus dem Hause Stuart, hatte keine lebenden Kinder, und die Thronfolge war zu Gunsten deutscher Fürsten aus Hannover geregelt. Die Zeit der guten Beziehungen zu den katholischen Königreichen war vorbei, und diese herrliche Architektur, für die ich in Rom und Frankreich Inspiration holte, galt als kontinental, unprotestantisch, dem englischen Geist feindlich.

Holmes

Sie wurden trotzdem geehrt. Das Epitaph im Boden hier ist berühmt: „Wenn du ein Denkmal suchst, schaue dich um."

Wren

Mein Sohn hat diese Inschrift verfasst. Mein Ruf ist mittlerweile gesichert. Die Kirche auch: Wenn Sie wissen möchten, was der merkwürdige, dünne Mann wollte, der sich gestern Abend hier einschlich, dann kann ich Sie beruhigen. Er brachte keinen Sprengstoff mit. Er sah wie eine gequälte Seele aus, nicht wie ein guter Christ, aber er kam zum Beten. Sie werden sicher herausfinden, was er auf dem Gewissen hat. Ich begleite Sie zum Ausgang.

> Holmes und Watson stehen wieder vor der Statue der Königin Anne an den Stufen vor dem Eingang zur Kathedrale.

Watson

Überall, wo wir hinkamen, an allen historischen Orten, passen die Geister der Vergangenheit auf. Vielleicht sind die Befürchtungen des Premierministers unberechtigt.

Holmes

Wir haben im Cheshire Cheese einen wichtigen Hinweis erhalten. Jim Barnes, mit dem sich der Verdächtige dort wohl getroffen hat, arbeitet im Maschinenraum der neuen Brücke. Jetzt sagen Sie mir, Watson, wo kann es keinen alten Schutzgeist geben?

Watson

In einem modernen, neuzeitlichen Bauwerk!

Holmes

Ganz richtig, mein lieber! Wir fahren zur Tower Bridge. Wir müssen uns beeilen, es wird schon dunkel. Wir nehmen eine Droschke.

13. Ein technisches Wunder
(Tower Bridge)

Dunkel und undurchdringlich bei Nacht, wie das Antlitz eines Waldes, ist das Londoner Flussufer.
(Aus DER SPIEGEL DER SEE, Joseph Conrad)

13

Die markante Form und der ungewöhnliche Mechanismus der Tower Bridge machen sie zu einem der Wahrzeichen Londons. Der feierlichen Eröffnung am 30. Juni 1894 ging eine zwanzigjährige Planungs- und Bauphase voraus, denn eine neue Überquerung an dieser Stelle war längst notwendig geworden. Es gab bereits etliche Brücken weiter westlich, aber keine feste Verbindung über die Themse östlich von London Bridge. Die Stadt wuchs in rasantem Tempo, die Wohnviertel im East End platzten aus allen Nähten, aber der Schiffsverkehr durfte durch einen Brückenbau nicht beeinträchtigt werden, da die Themseufer zwischen dem Tower of London und London Bridge noch wichtige Anlegestellen für große Handelsschiffe waren.

Gefordert war eine Konstruktion, die einerseits viele Tausend Fahrzeuge und 25.000 Fußgänger täglich auf der Straße, und andererseits Schiffe mit 43 Metern Höhe zwischen Wasserfläche und Mastspitze auch bei Flut passieren ließ. Bei einem Wettbewerb gewann der Vorschlag des Stadtbaumeisters Sir Horace Jones. Er sah eine Kombination aus Klappbrücke und Hängebrücke vor. Zwei 65 Meter hohe Türme stehen auf Pfeilern mitten im Fluss. Zwischen diesen und kleineren Türmen am Nord- bzw. Südufer sind Ketten gespannt, die den nördlichen und den südlichen Abschnitt nach dem Prinzip einer Hängebrücke tragen. Der mittlere Abschnitt der Fahrbahn besteht aus zwei beweglichen Teilen, „Baskülen" genannt, die bis zu einem Winkel von 83 Grad hochgeklappt werden. Die Verbindung in luftiger Höhe zwischen den hohen Türmen dient nicht nur als Fußgängerweg, wenn die Basküten hoch stehen, sondern hat eine statische Funktion: Dadurch stützen sich die Türme gegenseitig gegen die seitlichen Kräfte der Hängebrücken.

Damit die Erscheinung der Brücke zur Umgebung, vor allem zum benachbarten Tower of London passte, erhielten die Türme eine steinerne Verkleidung aus teuren Materialien – Granit aus Cornwall und Kalkstein aus Portland – und Verzierungen im gotischen Stil, was zeitgenössische Kritiker als absurd bezeichneten. Die mittelalterliche Anmutung trug aber zur unverwechselbaren Silhouette und so zum Ruhm der Brücke bei.

Von Anfang an zog die Tower Bridge Besucher, aber auch Abenteurer in ihren Bann. 1912 flog ein Pilot seinen Doppeldecker zwischen die Türme, 1968 schaffte sogar ein Jagflugzeug der königlichen britischen Luftwaffe das Wagnis. 2003 ließ sich der amerikanische Zauberkünstler David Blaine 44 Tage lang ohne Nahrung in einem neben der Brücke aufgehängten Glaskasten einsperren. Das erstaunlichste Kunststück geschah unfreiwillig im Jahr 1952: weil die Sicherheitsmaßnahmen versagten, begann das Hochklappen der Basküten, während ein vollbesetzter Bus der Linie 78 über die Brücke fuhr. Der Fahrer gab Gas, schaffte den noch kleinen Sprung, und alle kamen mit dem Schrecken davon.

Hochgeklappt wird die Fahrbahn regelmäßig für Schiffe mit einer Masthöhe ab 9 m (Zeiten siehe www.towerbridge.org.uk). 1910 wurden die erhöhten Stege zwischen den Brückentürmen geschlossen, da Fußgänger lieber unten warteten. Seit 1982 können Besucher dort eine Ausstellung mit Panoramablick besichtigen und die eindrucksvollen Dampfmaschinen am Südufer der Themse sehen.

Holmes und Watson fahren in ihrer Droschke am Tower of London vorbei und nähern sich der Brücke.

Holmes

Wir müssen die Brücke überqueren. Der Maschinenraum ist am Südufer. Sehen Sie diese beiden Männer vor uns auf dem Gehweg? Einer ist gertenschlank und hochgewachsen, der andere stämmig – bei der Dämmerung kann ich aus dieser Entfernung nicht mehr erkennen, ob er rote Haare hat.

Watson

Und es bimmelt – wir kommen zu spät!

In diesem Augenblick hören Sie eine Glocke. Direkt vor der Droschke wird die Fahrbahn gesperrt. Die beiden verdächtigen Männer haben 50 Meter Vorsprung und sind unter den letzten Fußgängern, die passieren dürfen. Watson springt aus der Kutsche und geht auf den Wachposten zu, der das Metalltor auf der Zufahrt zum Mittelteil der Brücke schließt. Er redet und gestikuliert, doch der Wachmann öffnet nicht.

Watson *(kehrt mit einem roten Gesicht zurück)*

Der Tormann ist ein frecher Hund. Ich sagte ihm, in dieser Droschke sitzt der große Detektiv Sherlock Holmes und muss in einer dringenden Staatsangelegenheit sofort vorbei. Er lachte nur und sagte, dann sei er Professor Moriarty und lasse uns erst recht nicht durch. Aber wir können die Fußgängerverbindung nehmen. Der Aufzug zum oberen Gehsteg braucht nur eine Minute.

Holmes

Alles mit der Ruhe, Watson. Mit dem Höhenweg sparen wir keine Zeit. Innerhalb fünf Minuten ist die Überfahrt wieder geöffnet. Außerdem wissen wir, wo die beiden hingehen. Während wir warten, sammle ich meine Gedanken über diese Brücke. Ich kannte den Architekten, Sir Horace Jones – er gehörte zu meinen ersten Klienten. Ich konnte ihm in einer heiklen Angelegenheit helfen. Leider verstarb er vor gut zehn Jahren.

Ich erinnere mich an einige Einzelheiten der Technik. Dampfmaschinen erzeugen hydraulischen Druck, der in großen Akkumulatoren gespeichert wird. Diese Kraft liefert den Antrieb für Motoren unter den Türmen. Die Motoren bewegen einen mächtigen Drehmechanismus: die Baskülen klappen mit der Fahrbahn hoch, die Gegengewichte drehen nach unten in unsichtbaren Kammern. Die gesamte Brücke ist eine stabile Stahlkonstruktion – auch die Türme.

Watson

Was Sie nicht alles wissen, Holmes!

Holmes

Das war alles vor einem Jahr in „The Times" zu lesen, als die Einweihung stattfand. Die technische Konstruktion wurde als geniale Leistung gepriesen. Die Maschinen und Akkumulatoren sind aber die Schwachstelle. Stellen Sie sich vor, jemand setzt den Mechanismus in dem Augenblick außer Betrieb, wenn die Baskülen weder ganz oben noch ganz unten sind. Dann käme der Verkehr auf der Themse und über die Brücke zum Stillstand. Die halbe Stadt wäre lahm gelegt. Jetzt öffnet der Wachposten, und es geht gleich weiter. Wir steigen am Südufer aus. Dort gibt es, glaube ich, eine Treppe zum Krafthaus hinunter. Haben Sie Ihren Revolver dabei?

Die Droschke hält auf der Südseite der Brücke. Holmes und Watson steigen aus, eilen über die Steintreppe zum Ufer hinunter und erreichen den Eingang zum Krafthaus. Ein Mann mittleren Alters mit einem breiten Gesicht und einem Vollbart steht vor der Tür mit einem Schlüssel in der Hand.

Holmes

Watson, so kann man sich irren. Ich war der Meinung, dass Geister nur in alten Häusern zu finden sind.

Sir Horace Jones

Mr. Holmes, so sieht man sich wieder! Wundern Sie sich nicht, dass ich hier stehe. Ich halte ein Auge auf meine Brücke. Heute ist der Jahrestag der Eröffnung – klar, dass ich nach dem Rechten schaue. Ich habe soeben zwei Verbrecher auf frischer Tat ertappt. Ich beobachte sie seit einigen Tagen. Einer, ein Heizer, arbeitet hier. Ich habe gesehen, wie er Kisten im Vorratsraum unter den Kohlehalden versteckt. Gestern untersuchte ich die Kisten, und was fand ich? Dynamit! Gestern Abend, als fast niemand mehr hier war, kam der Heizer heimlich mit einem anderen – hoch gewachsen, spindeldürr, unangenehme Augen

– und sie schauten sich gemeinsam die Dampfmaschinen an. Ich bin sicher, dass sie den Maschinenraum in die Luft sprengen wollten. Jetzt wird es nicht mehr gelingen.

Holmes

Was haben Sie mit Ihnen gemacht?

Sir Horace Jones *(hält seinen Schlüssel hoch)*

Ganz einfach! Sie gingen vor drei Minuten in das Kohlenlager, um ihre Kisten zu holen. Ich habe sie dort eingesperrt. Die starke Eichentür werden sie nicht aufbrechen können.

Watson

Bravo! Sie haben London vor einer Katastrophe bewahrt.

Sir Horace Jones

Meinen Sie, ich lasse einen Teil meines Lebenswerks zerstören? Heute vor einem Jahr hat der Prinz von Wales meine Brücke eröffnet. Tausende kamen, weil die Brücke ein neues Weltwunder ist. Der Aufwand war groß: acht Jahre Bauzeit, zehn Arbeiter verloren dabei ihr Leben, 11.000 Tonnen Stahl, Unmengen an Stein. Doch die Wirkung hängt ganz von der Hebetechnik ab. Selbstverständlich lasse ich keinen Anschlag auf die Maschinen zu.

> Der Architekt lächelt zufrieden.
> Plötzlich ertönen einige Schüsse schnell hintereinander.

Sir Horace Jones *(dreht sich zur Tür des Krafthauses und schiebt sie auf)*

Nicht, dass sie entkommen! Holmes, Sie müssen es verhindern. Das Kohlenlager, in dem ich sie eingesperrt habe, ist auf der linken Seite.

Holmes und Watson schauen durch die offene Tür in einen langen, spärlich beleuchteten Gang. Watson zieht seinen Revolver aus der Tasche.

Holmes

Ich höre Schritte, aber nur von einer Person. Sie entfernt sich. Vorsicht, Watson. Wir tasten uns langsam voran, bis wir zum Kohlenlager kommen. Einer flieht, aber der andere ist vielleicht bewaffnet und lauert uns auf.

Sie schleichen einige Meter durch den dunklen Gang.

Holmes

Ha! Watson, da liegt jemand! Auf dem Boden vorne links – ein ausgestreckter Arm.

Sie eilen nach vorne und sehen, dass in einer offenen Tür ein Mann auf dem Bauch liegt. Er stöhnt. Hinter ihm türmt sich eine Kohlenhalde auf. Watson beugt sich über den Mann.

Watson

Er hat eine Kopfwunde. Seine Haare sind voller Blut – das wird schwer, ihn zu retten.

Holmes

Trotzdem sehe ich, dass er rotes Haar hat. Das ist der Heizer Jim Barnes. Und schauen Sie sich das Schloss an. Mit gezielten Schüssen hat der zweite Mann die Tür aufgebrochen. Danach hat er wohl seinen Komplizen von hinten in den Kopf geschossen und ist alleine geflohen. Er möchte unerkannt bleiben und sorgte dafür, dass Barnes ihn nicht verrät. Hinterher, Watson, wir müssen ihn zur Strecke bringen!

Sie laufen durch den dunklen Gang und erreichen den Maschinenraum. Eine riesige Dampfmaschine zischt leise. Räder und Kolben bewegen sich, aber kein Mensch hält sich im Raum auf. Holmes spürt einen kühlen Windhauch im Gesicht und sieht, dass ein Fenster oben in der Wand halb geöffnet ist. Mit zwei schnellen Schritten erreicht er die Stelle. Watson stützt ihn, der Detektiv zieht sich mit einem kräftigen Ruck hinauf, klettert flink durch die Öffnung und springt zum Boden hinunter. Er befindet sich auf der hinteren, dem Fluss abgewandten Seite des Krafthauses. In diesem Augenblick hört Holmes das laute, schrille Pfeifen eines Boots. Er rennt um das Haus zum Themseufer und sieht einen Dampfschlepper, der sich bereits zwanzig Meter vom Kai entfernt hat und mit rauchendem Schlot schnell in östliche Richtung zieht. Ein große, magere Gestalt steht am Heck und reckt ihm eine Faust entgegen.

Holmes bleibt einen Augenblick stehen und richtet seinen scharfen Blick auf den Schlepper. Zu seinen Füßen schwappen Wellen gegen die Kaimauer. Die Lichter der Brücke und der vorbeifahrenden Schiffe spiegeln sich tänzelnd im schwarzen Wasser. Dann kehrt er zum Krafthaus zurück, wo Watson und Sir Horace Jones vor der Tür stehen.

Holmes

Ihr beherztes Eingreifen hat den niederträchtigen Plan der beiden vereitelt, Sir Horace. Watson, schauen Sie, ob Barnes zu retten ist. Ich werde die Brückenwächter verständigen, damit sie die Wasserschutzpolizei und Scotland Yard holen. Der Unbekannte wird uns nicht noch einmal durch das Netz schlüpfen. Ich konnte den Namen des Bootes erkennen, auf dem er geflohen ist: Wir suchen die „White Raven". Der Mann ist zwar gefährlich und tatkräftig und hat seinen Fluchtweg gut geplant, aber ein kriminelles Genie ist er nicht. Überall hat er Spuren hinterlassen. Dann werde ich den Premierminister informieren, dass die Gefahr für unsere Stadt gebannt ist. Und wir werden sehen, ob dieser Fall Herrn Conan Doyle eine Veröffentlichung wert ist.

Die ReiseGeister

Sherlock Holmes und Dr. Watson Dr. Watsons Aufzeichnungen verraten einiges über das Leben des Detektivs, lassen aber erhebliche Lücken. Holmes kam wahrscheinlich 1854 zur Welt. Nach ersten kriminalistischen Aktivitäten auf der Universität arbeitete er als „beratender Detektiv" und lernte den Arzt Dr. John H. Watson kennen, weil er einen Mitbewohner suchte. Nach seinem angeblichen Tod 1891 im Kampf mit seinem Erzfeind Professor Moriarty an den Reichenbachfällen in der Schweiz verschwand Holmes drei Jahre lang. Im Frühling 1894, etwa ein Jahr vor den hier beschriebenen Ereignissen, tauchte er wieder auf. Nach weiteren Jahren als Detektiv setzte er sich Anfang des 20. Jhs. in der Grafschaft Sussex zur Ruhe und widmete sich der Bienenzucht. Sein Todesdatum ist unbekannt.

Prinz Albert Albert von Sachsen-Coburg und Gotha (1819 – 1861), seit 1840 Gemahl von Königin Victoria, setzte sich für Bildungsreformen und für die Abschaffung von Kinderarbeit und der Sklaverei ein. Er war an der ersten Weltausstellung, der Great Exhibition von 1851, federführend beteiligt. Albert und Victoria sprachen Deutsch und Englisch miteinander. Er starb auf Schloss Windsor und wurde im Mausoleum im nahe gelegenen Frogmore beigesetzt.

Georg Friedrich Händel (1685 – 1759), geboren in Halle, siedelte 1712 nach London über und nahm die britische Staatsbürgerschaft an. Sein „Messias" ist auf der Insel das wohl beliebteste Werk sakraler Musik. Von 1723 bis zu seinem Tod wohnte er im Stadtteil Mayfair in der Brook Street Nr. 25, jetzt das Handel House und Museum (Di. – Sa. 10 – 18, So. 12 – 18 Uhr).

Maria Stuart (englisch: Mary, Queen of Scots, 1542 – 1587) wurde nach 18 Jahren bequemer Gefangenschaft in englischen Herrensitzen auf Burg Fotheringay enthauptet und in der Kathedrale von Peterborough beigesetzt. Ihr Sohn, König James I von England, gleichzeitig auch bekannt als James VI von Schottland, ließ ihre Gebeine in Westminster Abbey umbetten.

Elizabeth Nightingale (1704 – 1731), Tochter des Grafen Ferrers, heiratete einen Geistlichen, gebar drei Söhne und starb bei der Geburt ihrer Tochter Elizabeth (1731 – 1755).

Guy Fawkes (1570 – 1606) aus York kämpfte in den Niederlanden auf der Seite des katholischen Spaniens und gehörte zu den Verschwörern, die 1605 das Parlament am Tag der Sessionseröffnung in die Luft sprengen wollten. Das Scheitern des Komplotts wird jährlich am 5. November, dem „Guy Fawkes Day", mit einem Feuerwerk und dem Verbrennen einer Strohpuppe („Guy") gefeiert. Die Diskriminierung von Katholiken wurde bis heute nicht restlos beseitigt: der Monarch darf weder katholisch sein noch eine(n) katholische(n) Partner(in) heiraten.

Ben Caunt (1815 – 1861) boxte zum letzten Mal im Jahr 1857. Er war auch Wirt der Kneipe Coach and Horses in der St Martin's Lane.

Sir George Downing (1623 – 1684) wurde in Dublin geboren, kam als Kind mit seinen Eltern nach Amerika und gehörte 1642 zum ersten Absolventenjahrgang der Harvard University. Nach seiner Rückkehr stand er als fähiger Diplomat und Finanzfachmann im Dienst von Oliver Cromwell und Charles II, war am Kauf von Neu Amsterdam (heute: New York) von den Niederlanden maßgeblich beteiligt und wurde dank seiner Geschäfte zum wohlhabenden Grundbesitzer.

Lord Salisbury Robert Gascoyne-Cecil, 3. Marquis von Salisbury entstammte einer Adelsfamilie, deren Tradition im Staatsdienst vom 16. Jh. bis heute reicht (der 7. Marquis bekleidete bis 1998 hohe Staatsämter). Mit einer Unterbrechung (1892 – 1895) war er von 1885 bis 1902 Premierminister – der letzte, der nicht in Downing Street Nr. 10 wohnte, da er seine Residenz in der Arlington Street in St James's und den Landsitz Hatfield House bevorzugte.

König Charles I zeigte bei seiner Hinrichtung mehr Augenmaß und Würde als in seinen Regierungsgeschäften. Auf dem Schafott erklärte er, er „gehe von einer vergänglichen zu einer unvergänglichen Krone". Als sein Kopf vom Leib getrennt wurde, stießen die Zuschauer nach einem Augenzeugenbericht „ein Stöhnen, wie ich noch keins hörte und es nie wieder hören möchte" hervor.

Daniel Briggs steht hier stellvertretend für alle namenlosen Arbeiter, die die Denkmäler von London bauten.

Lord Nelson Horatio Nelson (1758 – 1805) diente seit seinem 13. Lebensjahr in der königlichen Marine und wurde 1781 Kapitän einer Fregatte. Ab 1793 kämpfte er im Mittelmeer, im Atlantik und in der Ostsee gegen Frankreich in den Revolutions- und Napoleonischen Kriegen. 1793 verlor er bei der Erstürmung von Calvi auf Korsika das Sehvermögen am rechten Auge, 1797 seinen rechten Arm bei einem Angriff auf Santa Cruz de Tenerife. Seine Vernichtung der französischen Flotte 1798 in der Bucht von Abukir vereitelte Napoleons Versuch, Ägypten zu erobern. Nelsons Siege und Furchtlosigkeit machten ihn zu Lebzeiten zum Volkshelden. Nach seinem Tod bei der Schlacht von Trafalgar wurde sein Leichnam in einem mit Branntwein gefüllten Fass nach London transportiert und in St Paul's Cathedral in Anwesenheit von 32 Admirälen und mehr als 100 Seekapitänen in einem Marmorsarkophag beigesetzt. Er litt sein Leben lang an Seekrankheit.

Eliza Doolittle Covent Garden ist immer noch ein Theaterviertel. Die Idee für das Bühnenstück „Pygmalion", das später zum Musical „My Fair Lady" umgearbeitet wurde, hatte George Bernard Shaw erst 1897, zwei Jahre nach den in diesem Buch beschriebenen Ereignissen. Als Sherlock Holmes sie aufsucht, ahnt Eliza Doolittle noch nicht, dass sie eines Tages als Schülerin des Phonetikprofessors Henry Higgins ihren Londoner „Cockney"-Dialekt ablegen und als echte Dame durchgehen wird.

Nell Gwyn (1650 – 1687) ist die berühmteste königliche Mätresse der englischen Geschichte. Als Kind lebte sie in ärmsten Verhältnissen in der Coal Yard Alley, einer Gasse nahe Drury Lane. Ihr Vater verkaufte Obst und verließ die Familie früh, ihre trunksüchtige Mutter führte ein Bordell. Die hübsche und schlagfertige Nell war eine begabte Schauspielerin, zumindest in Komödien. 1668 fing ihr Liaison mit Charles II an. Sie nannte ihn „meinen Charles III", weil sie zuvor zwei Liebhaber mit diesem Vornamen hatte, und bekam von ihm zwei Söhne. Viele Anekdoten belegen ihre Beliebtheit. Als einmal Nells Kutsche durch Oxford fuhr, wurde sie mit der Kutsche der ungeliebten Rivalin in Charles' Gunst, der Französin Louise de Kerouaille, verwechselt. Auf die Beschimpfungen der Menge hin steckte Nell ihren Kopf aus dem Fenster und rief, „Ihr irrt euch – ich bin die protestantische Hure!". Nell Gwyn wurde in der Kirche St Martin-in-the-Fields beerdigt.

César Ritz (1850 – 1918) war ein Pionier des Luxushotels. 1878 wurde er Leiter des Grand Hôtel National in Luzern und war bis 1888 gleichzeitig Manager des Grand Hôtel in Monaco. Ab 1889 führte er das neu erbaute Savoy Hotel in London, wurde aber 1897 gemeinsam mit seinem Chefkoch Escoffier wegen finanzieller Unregelmäßigkeiten entlassen: Große Mengen teurer Weine und Spirituosen waren verschwunden. Daraufhin etablierten sie gemeinsam eine eigene Firma und eröffneten das Hotel Ritz in Paris.

Oscar Wilde Das Savoy Hotel war eine der wichtigsten Kulissen der Liebesbeziehung zwischen Oscar Wilde und Lord Alfred Douglas, die zu einer Gefängnisstrafe für Wilde und indirekt zu seinem frühen Tod führte. Er wurde am 25. Mai 1895, fünf Wochen vor Holmes' Besuch im Hotel, verurteilt.

William Shakespeare (1564 – 1616) war Bühnenautor, Schauspieler und Theatermanager. Es gibt wenige gesicherte Kenntnisse über sein Leben. Wahrscheinlich lebte er von ca. 1587 bis ca. 1613 vorwiegend in London und verbrachte seine letzten Jahre in seiner Heimatstadt Stratford-upon-Avon.

William Marshal, 1. Graf von Pembroke (1146 – 1219), war ein jüngerer Sohn aus dem niederen Adel. Treuer Dienst unter vier Königen als „größter Ritter, der je lebte" (so ein Chronist) ermöglichte seinen Aufstieg zum mächtigsten Mann Englands, schließlich als Reichsverweser für den minderjährigen Henry III.

Sir Arthur Conan Doyle Der gebürtige Schotte Arthur Conan Doyle (1859 – 1930) begann während seines Medizinstudiums in Edinburgh Kurzgeschichten zu schreiben. In seinem ersten Roman, „Eine Studie in Scharlachrot" (1887), betrat Sherlock Holmes erstmals die Bühne. Conan Doyles Augenarztpraxis war ein Misserfolg, die Detektivgeschichten dagegen so beliebt, dass er insgesamt vier Romane und 56 Kurzgeschichten über Holmes schrieb. Conan Doyle betrachtete Holmes als Ablenkung von „höheren Dingen", womit er seine weniger erfolgreichen, heute vergessenen historischen Romane meinte.
Er setzte sich für Opfer von Fehlurteilen der Justiz und gegen Unrecht im Freistaat Kongo ein. Er gehörte zu den Pionieren des Skisports in der Schweiz. Als Patriot schrieb er ein Buch zur Verteidigung der britischen Position im südafrikanischen Burenkrieg und wurde 1902 geadelt.

Unter dem Eindruck des Todes seiner ersten Frau und seines Sohns wandte er sich in seinen letzten Lebensjahren dem Spiritismus zu und wurde Mitglied im Ghost Club, der seit 1862 übernatürliche Phänomene wissenschaftlich untersucht.

Sir Christopher Wren (1632 – 1723), ein angesehener Forscher auf den Gebieten der Astronomie, Mathematik und Physik, war Gründer und später Präsident der Royal Society (eine Akademie der Wissenschaften). Als Professor an der Universität Oxford schuf er ab 1663 erste Bauwerke und wirkte ab 1669 als königlicher Architekt an Residenzen wie Hampton Court und Kensington Palace sowie in Greenwich und Chelsea.

Sir Horace Jones (1819 – 1887) war ab 1864 Stadtbaumeister der City of London. Zu seinen bekannten Werken gehören die Märkte Smithfield, Billingsgate und Leadenhall sowie das Temple Bar-Denkmal am Anfang der Fleet Street. Die Fertigstellung der Tower Bridge erlebte Jones nicht. Sein Partner Sir John Wolfe-Barry führte das Projekt weiter und war für die gotischen Verzierungen und die Verkleidung der Türme in Naturstein statt Ziegelstein verantwortlich.